全民健身
精准激励策略研究

——以黑龙江省为例——

程晓多 ◎ 著

中国财经出版传媒集团
经济科学出版社
Economic Science Press
·北京·

图书在版编目（CIP）数据

全民健身精准激励策略研究：以黑龙江省为例／程晓多著．－－北京：经济科学出版社，2025.6．－－ISBN 978－7－5218－6997－2

Ⅰ．G812.4

中国国家版本馆 CIP 数据核字第 2025LK6362 号

责任编辑：崔新艳
责任校对：孙　晨
责任印制：范　艳

全民健身精准激励策略研究
——以黑龙江省为例
QUANMIN JIANSHEN JINGZHUN JILI CELÜE YANJIU
——YI HEILONGJIANGSHENG WEILI
程晓多　著
经济科学出版社出版、发行　新华书店经销
社址：北京市海淀区阜成路甲 28 号　邮编：100142
经管中心电话：010－88191335　发行部电话：010－88191522
网址：www.esp.com.cn
电子邮箱：espcxy@126.com
天猫网店：经济科学出版社旗舰店
网址：http://jjkxcbs.tmall.com
北京季蜂印刷有限公司印装
710×1000　16 开　10.5 印张　200000 字
2025 年 6 月第 1 版　2025 年 6 月第 1 次印刷
ISBN 978－7－5218－6997－2　定价：55.00 元
（图书出现印装问题，本社负责调换。电话：010－88191545）
（版权所有　侵权必究　打击盗版　举报热线：010－88191661
QQ：2242791300　营销中心电话：010－88191537
电子邮箱：dbts@esp.com.cn）

本部著作的撰写汇集了多个科研项目的阶段性研究成果，具体包括国家自然科学基金面上项目（71173067）、黑龙江省哲学社会科学规划基金一般项目（21TYB108、17TYB05、16TYB01）和黑龙江省科协2022年度科技创新智库研究项目。

本部著作的最终出版，得到了黑龙江省社会科学界联合会的"黑龙江省社会科学学术著作出版资助项目"（2024008-B）的资助。

在此，对相关资助项目一并致谢。

前　言

随着中共中央、国务院出台《"健康中国2030"规划纲要》《体育强国建设纲要》《关于构建更高水平的全民健身公共服务体系的意见》，以及系列《全民健身计划》等涉及全民健身的诸多纲领性文件，如何激励广大民众积极参与全民健身成为社会广泛关注的热点。虽然上述纲领性文件均提出了较为明确的全民健身目标，但在探寻实现全民健身目标的可行路径、拓宽可行路径的延展性、丰富配套手段等方面，仍然需要相关理论的指导。专家、学者、政府部门需与基层组织一道，在努力实现全民健身目标的过程中，积极寻求针对不同类别的全民健身客户群的精准激励策略。

本书以"经常参加体育锻炼人数持续增加"为全民健身精准激励的核心目标，以黑龙江省多种全民健身场景为相关案例，依据基层组织群众性体育赛事及体育消费券对偶尔参与、经常参与全民健身的客户群的不同激励效应，从外部公共软环境方面提出不同激励措施。以花样滑冰为例，对经常参与全民健身的客户群进行市场细分及精准营销，从外部市场软环境方面探讨全民健身激励方法。以"冬夏"公园为例，以公益性、便利性、一地多用以及绿色环保为重要理念，分析在城乡公共空间拓展公共体育场地设施服务供给的可行方案，并以功能定位及场地设施分级满足偶尔参与、经常参与全民健身不同客户群的多层次需求，从外部硬环境方面探讨全民健身激励举措。根据冰雪体育文化资本演进机制，以体育文化资本的域内传承与域外合作对偶尔参与全民健身的客户群的带动效用，以体育文化资本的域内创新与域外竞争对经常参与全民健身的客户群的引领功效，从个体内在需求方面探讨全民健身精准激励手段。最终，遵循由外部环境到个体内在动机的激励路径，以多种资源配置组合方式，针对偶尔参与、经常参与全民健身的各类客户群提出全民健身精准激励策略。

全民健身精准激励策略研究对推进健康中国建设、加快体育强国建设、更好地"满足人民日益增长的美好生活需要"具有重要的理论意义与实践价值。

目 录
CONTENTS

第一章 绪论 / 1
    第一节　研究的背景 / 1
    第二节　国内外研究现状 / 2
    第三节　主要内容和研究方法 / 6
    第四节　主要创新点 / 9

第二章 基本概念与相关理论 / 10
    第一节　基本概念 / 10
    第二节　相关理论 / 12

第三章 基层组织群众性体育赛事的全民健身激励效应 / 17
    第一节　相关概念的界定 / 17
    第二节　文献综述与研究假设 / 18
    第三节　数据与样本 / 20
    第四节　研究方法与结果 / 24
    第五节　相关讨论 / 27
    第六节　研究结论 / 30

第四章 体育场馆消费券的全民健身激励效应 / 31
    第一节　相关概念的界定与实践 / 31

第二节　文献回顾与研究假设 / 32
第三节　样本分类与数据来源 / 35
第四节　研究方法与结果 / 42
第五节　相关讨论 / 47
第六节　研究结论 / 49

第五章　全民健身休闲市场精准营销的激励效应
——以花样滑冰为例 / 50
第一节　相关概念的界定 / 50
第二节　文献回顾 / 52
第三节　花样滑冰健身休闲市场终端客户群分类 / 53
第四节　市场细分的结果与分析 / 55
第五节　基于市场细分的花样滑冰
　　　　全民健身终端客户群特征 / 75
第六节　基于花样滑冰项目的精准营销策略 / 77

第六章　增加公共体育场地设施供给的可行方案及其满足多元全民健身需求的激励效应
——以"冬夏"公园为例 / 82
第一节　相关概念的界定 / 82
第二节　文献回顾 / 83
第三节　"冬夏"公园的基本属性与价值 / 93
第四节　"冬夏"公园的主要困境与解决方案 / 96

第七章　体育文化资本演进的全民健身激励效应
——以黑龙江省冰雪体育文化资本为例 / 101
第一节　相关概念的界定 / 101
第二节　黑龙江省冰雪体育文化资本的具体形式及
　　　　相关描述变量 / 103
第三节　黑龙江省冰雪体育文化资本的历史变迁 / 105
第四节　黑龙江省冰雪体育文化资本历史变迁的
　　　　主要力量与演进机制 / 114

第五节　黑龙江省冰雪体育文化资本演进的全民健身
　　　　　　激励效应 / 119

第八章　全民健身精准激励策略 / 122
　　　第一节　基于外部软环境的全民健身精准激励策略 / 122
　　　第二节　基于外部硬环境的全民健身精准激励策略 / 130
　　　第三节　基于体育文化资本演进的全民健身精准激励策略 / 133

第九章　结论 / 136

参考文献 / 139
后记 / 155

第一章　绪　　论

第一节　研究的背景

1995年6月，国务院发布《全民健身计划纲要》，指出"经常参加体育活动的人数应有所增长""人民体质明显增强，群众参加体育活动的时间、体育消费额等逐步加大，群众体育健身活动的环境和条件有较大的改善"，提出"基本建成具有中国特色的全民健身体系"。2009年8月，国务院发布《全民健身条例》，对全民健身计划与全民健身活动的主要内容、公民参与全民健身的权利、责任主体等做出了安排，并以"条例"形式确定下来，同时强调公共体育设施、活动的供给。2011年2月，国务院发布《全民健身计划（2011—2015年）》，明确提出"经常参加体育锻炼人数进一步增加"等目标任务，强调弘扬民族传统体育文化，并提出建立证书证章激励制度，这也是与全民健身相关的政府文件中首次出现与"激励"明确相关的条文。2014年10月，国务院下发《国务院关于加快发展体育产业　促进体育消费的若干意见》，进一步强化将市场机制作为增强人民体质、提高健康水平的途径与手段，并将加强体育文化宣传作为主要任务。2016年6月，国务院发布《全民健身计划（2016—2020年）》，依然强调"群众体育健身意识普遍增强，参加体育锻炼的人数明显增加"的发展目标，把"弘扬体育文化，促进人的全面发展"作为主要任务，同时在"保障措施"章节中单独提出了"创新全民健身激励机制"和"体育健身消费券"。同年10月，中共中央、国务院印发《"健康中国2030"规划纲要》，在"普及健康生活"篇章中提出"推动全民健身生活化"；在"发展健康产业"篇章中提出"开展全民健身活动，提供丰富多彩的活动供给"，并具体到"丰富业余体育赛事""鼓励举办不同层次和类型的全民健身运动会"等措施。2019年9月，国务院下发《国务院办公厅关于促进全民健身和体育消费　推动体育产业高质量发展的意见》，从赛事管理服务、场馆运营管理改革、公共资源开发等不同途径，进一步激发体育市场潜力，更好地"满足人民日益增长的美好生活需要"。2021年7月，国务院发布《全民健身计划（2021—2025年）》，提出"全民健身公共服务体系更加完善，人民群众体育健身更加便利，健身热情进一步提高，各运动项目参与人数持续提升"的发展目标，同时提出运动积分体系、等级证书、体育消费券等措施，强化全民健身激励。2022年3月，中共中央办公厅、国务院办公厅印发《关于构建更高水平的全民健身公共服务体系的意见》，提出：到2025年，更高水平的全民健身公共服务体系基本建立，经常参加体育锻炼人数比例达到38.5%；到2035年，与社会主义现代化国家相适应的全民健身公共服务体系全面建立，经常参加体育锻炼人数比例达到45%以上，体育健身和运动休闲成为普遍生活方式，人民身体素养和健康水平居于世界前列。同时再次提出"强化全民健身激励"，并重点强调了"等级证书"与"体育消费券"。

从上述政策发展脉络可以看出，我国全民健身核心目标就是通过经常参与体育锻炼人数持续增加，普遍提高人民身体素养和健康水平。为了实现这一目标，不仅要从赛事活动、场馆设施、消费券等公共体育服务供给方面提供保障，还要拓展市场路径，更要强调普及全民健身文化，建立更为有效的全民健身激励机制。但上述措施如何使用才能更有效？是否能够利用有限的公共资源精准激励目标客户群？这些问题尚待回答。

第二节　国内外研究现状

一、国外研究现状

（一）关于全民健身计划

2016年，美国国家体育锻炼联盟（The Physical Activity Alliance）发布了《美国体育锻炼计划》（*The National Physical Activity Plan*）。该计划共分为9章，具体包括：(1) 商业与产业；(2) 社区休闲、健身与公园；(3) 教育；(4) 基于信仰的组织与设施；(5) 医疗保健；(6) 大众传媒；(7) 公共健康；(8) 体育；(9) 交通、土地使用和社区规划。这些章节中，每个章节都有各自的战略与策略等内容，却没有单独的激励章节。《美国体育锻炼计划》的总体思路，主要是通过宣传体育锻炼的益处，激活个体内在动机，使民众产生参与体育锻炼的内在需求，并为处于不同场景的客户群提供参与体育锻炼的便利条件，即增强体育锻炼场地设施的可达性、可支付性。

英国政府为了降低英国人口的肥胖率，2009年提出"健康体重，健康生活：为生活而改变的营销策略"。该策略指出，为了让英国人拥有更健康的身体、更健康的生活，在统筹协调下推出为生活而改变的系列活动。2010年，英国政府发布《健康生活，健康人民：英格兰人民健康战略》（*Healthy Lives, Healthy People: Our Strategy for Public Health in England*）白皮书，其核心目标是保护人民免受严重的健康威胁，使民众更健康、更长寿、更充实，以最快的速度改善最贫困人口的健康状况。英国政府的具体做法是去中心化，将更多的具体任务落实到社区，落实到每个家庭、每个店铺，以促成其战略目标的达成。

2005年，澳大利亚国家公共卫生伙伴（National Public Health Partnership）发布《朝气蓬勃的澳大利亚：卫生部门促进体育锻炼行动框架》（*Be Active Australia: A Framework for Health Sector Action for Physical Activity*），强调所有澳大利亚人应将体育锻炼作为日常生活的一部分。该框架大致分为环境设置、总体策略、优先群体三个部分，每个部分都有相应的行动方案，也有相关的激励措施，但更多的是针对协作伙伴的，而非参与体育锻炼的个体。

（二）全民健身的外部环境影响

相关学者在研究体育基础设施对特定群体参与全民健身的影响后发现，无论个人社会经济条件如何，体育基础设施的可用性都会对人们体育锻炼的模式产生重要影响。不同类型体育基础设施的影响因年龄阶段而异，例如，游泳池的可用性在儿童和青少年时期很重要，而健身中心、健身房和运动场的可用性在青年时期更为重要，这些发现对构建终身体育锻炼模式具有重要意义（Wicker P et al.，2009）。还有学者研究发现，全民健身与体育产业是一个互利共生的系统。全民健身对体育产业的促进作用在体育服务领域更强，而在体育用品领域，体育产业对全民健身的影响更大，政府可以通过调查他们的共同利益来促进他们的共同发展（Lan Q et al.，2019）。

有学者认为，要调动群众参与体育运动的积极性和持久性，政府除将体育补贴用于改善体育设施外，还应重视专业体育指导员的培训，并且促进精英体育和群众体育的结合（Tan T C，2015）。也有学者研究发现，以高绩效为导向的体育社会组织是以青年参与者为目标客户群的，而以全民健身为导向的体育社会组织则以弱势群体为目标客户群。与以全民健身为导向的体育社会组织相比，以成绩为导向的体育社会组织的目标往往更为肤浅。政策制定者应考虑如何优化以绩效为导向的体育社会组织在全民健身中的作用（De Bock T et al.，2022）。

此外，学者们还从体育设施、体育产业，以及依托互联网的宣传、体育指导、体育组织绩效等方面提出促进全民健身发展的具体办法和措施，并且更注重管理环境的营造。

从国外的相关研究可以看出，发达国家对全民健身非常重视，并制定了战略目标和路线图。

二、国内研究现状

（一）全民健身公共服务体系与体育产业

王莉等（2015）提出，以制度化、标准化的方式实现全民健身公共服务的透明化和管理运作的规范化，建立一个完善的全民健身公共服务体系。卢文云等（2018）强调共建共享全民健身公共服务体系，实现全民健身公共服务的精准化供给。裴立新（2019）认为，体育社会组织在体育公益服务、群众性赛事承办等方面扮演着越来越重要的角色。郑家鲲（2021）认为，全民健身的国家战略定位开启全民健身公共服务发展新篇章，现代信息技术发展、产业结构优化、区域协同发展、跨领域融合发展等为更高水平全民健身公共服务体系的构建带来机遇；围绕全民健身公共服务标准化发展、均等化发展、融合化发展、智慧化发展、一体化发展、法治化发展六个维度，提出全民健身公共服务体系构建的主要任务，并从场地设施、赛事活动、体育组织、健身指导、信息服务、体质监测六个方面提出具体对策。上述关于全民健身公共服务体系实现路径的论述，都是为了依托全民健身公共服务体系，更好地实现全民健身目标。

不过，杨桦等早在2005年就提出，生活化、社会化、法制化、产业化、科学化将是群众体育发展的主要趋势。田慧等（2006）认为休闲体育将为全民健身活动提供更大的发展空间。钟秉枢（2015）提出让全民健身上升为国家战略。易剑东（2019）认为体育产业化会带来体育健身价值的扩展。这些观点强调体育产业对全民健身的重要性。

从上述学者的研究成果可以看出，全民健身不仅需要公共体育服务体系的支持，也需要体育产业的支撑；全民健身公共服务体系与体育产业要形成良性互动，协调配合，才能发挥更大的功效。

（二）全民健身的跨产业融合与智慧化

刘国永（2016）提出，以思想引领工程、科学指导工程、人才培养工程、科技创新工程、文化宣传工程等系列工程，推进全民健身与全民健康深度融合。郑家鲲（2021）认为，坚持体医融合、体教融合、体旅结合等发展理念，全民健身在服务人民健康、服务青少年全面成长、服务群众多元体育需求方面的作用将进一步凸显。王松（2017）认为，健康中国的部分理念能够深度影响全民健身国家战略的实现，主要表现在健康优先对体育职能部门的影响、改革创新对体育社会组织的影响、健康产业对体育产业的影响以及预防为主对广大民众的影响几个方面。

黄河等（2023）提出，用户对健身短视频的浏览投入度是影响其参与线下运动意愿最为重要的因素，而信息的实用价值与信源可靠度对用户浏览投入度的形成和提升的促进效果最为明显，内容的社交互动体验和信息趣味性次之。成会君等（2022）认为，基于数据赋能的全民健身多元共治格局初步形成，治理内容更加精细化，治理手段实现转型升级。廖钟锋和黄亚玲（2019）提出，用共享经济模式促进全民健身开展，客观上能促进体育资源的合理配置，满足人民群众多样化的体育需求，有利于解决现有矛盾。张林宝（2018）提出，通过公共服务供给实现全民健身，应促进全民健身公共服务产业与城镇建设共同发展，创新全民健身公共服务管理方法，构筑全民健身的社会氛围。

冯俊翔等（2021）提出"互联网＋"助力全民健身的发展路径：以融合普及为基础，提升群众网络健身应用能力；以平台建设为核心，强化全民健身治理能力；以创新驱动为重点，推动全民健身智慧赋能；以法治建设为保障，提升全民健身网络监管能力，为打造全民健身新格局搭建协同治理平台。王子玥等（2021）认为，智慧化升级能够促进全民健身多主体协同治理，再造全民健身治理流程，推动全民健身公共服务精准供给，推动全民健身事业健康快速发展。

（三）文化对全民健身的影响

王友华等（2023）认为，城市社区在居民参与体育锻炼上扮演了十分重要的角色，且城市居民的体育锻炼参与率在不同社区间存在显著差异。潘磊（2023）进行南北比较后发现，相较于南方水稻区，北方小麦区农民体育锻炼参与水平更高。葛庆英和董跃春（2019）认为，我国全民健身发展应从扩大规模向提高质量转变，"观赏型体育"富含体育文化精华，内容丰富，价值内涵多元，对提高全民健身活动质量具有较大的促进作用。观看体育赛事表演在提升全民健身活动文化内涵、丰富群众体育生活观念、转变群众体育生活方式、提高终身体育实践能力等方面具有推动作用。杜长亮和刘东升（2023）认为体育锻炼知识转移的渠道主要有两种：一是在参与体育锻炼的过程中通过体育互动、学习交流等方式间接获取知识；二是体育锻炼群体中的知识拥有者和传播者（主要是教练员）直接传授知识。

（四）全民健身的制度优势

李雷（2021）通过系统梳理习近平总书记关于全民健身的重要论述，认为应该积极推进全民健身国家战略，为其提供坚强的法治保障。胡元聪等（2022）认为，我国全民健身法律法规中包含了诸多与激励相关的规定，有助于激发地方政府、社会力量、公众的积极性，推动我国全民健身事业的"共建共治共享"。

三、国内外研究现状评述

从国内外关于全民健身的研究可以看出，各国对于全民健身都非常重视，甚至提高到了国家战略的层面。外国全民健身的研究关注的焦点既有个体的认知，也有硬件设施的改善、软环境的优化等。国内全民健身的研究更强调宏观层面的体系建设，如全民健身公共服务体系、跨产业融合发展、制度的保障等，微观层面的研究也有，但明显不足。无论是国外研究热点，还是国内研究成果，对于系统性的全民健身激励研究关注都较少，留有较大的探索空间。此外，中国与美国、英国等西方发达国家的社会制度不同，社会治理的思路不同，现实的各种环境也不同，这就决定了中国的全民健身战略要有中国式的全民健身战略目标和中国式的全民健身精准激励策略。

第三节 主要内容和研究方法

一、主要内容

本书以"经常参加体育锻炼人数"持续增加为全民健身精准激励的核心目标，依据基层组织群众性体育赛事、体育消费券对于偶尔参与、经常参与全民健身的客户群的不同激励效应，从外部公共软环境提出不同激励措施。以花样滑冰为例，对经常参与全民健身的客户群进行市场细分及精准营销，从外部市场软环境方面探讨全民健身激励方法。以"冬夏"公园为例，以公益性、便利性、一地多用以及绿色环保为重要理念，分析在城乡公共空间拓展公共体育场地设施供给的可行方案，并以功能定位及场地设施分级满足偶尔参与、经常参与全民健身的不同客户群的多层次需求，从外部硬环境方面探讨全民健身激励举措。根据冰雪体育文化资本的演进机制，从个体内在需求探讨全民健身激励手段。最终，依循由外部环境到个体内在动机的激励路径，以多种资源配置组合的方式，针对偶尔参与、经常参与全民健身的各类客户群提出全民健身精准激励策略。

本书以黑龙江省L高校工会组织的教职工羽毛球赛为例，以L高校教职工为调查对象，通过问卷调查，运用麦氏检验、百分比同质性检验等多种类型的卡方检验，比较L高校教职工在羽毛球赛前后参与羽毛球项目健身行为特征的变化，对相关研究假设进行验证。

本书以黑龙江省H高校游泳馆消费券为例，系统梳理消费券激励政策实施前后参与游泳项目健身客户群健身行为的数据，以相依样本t检验比较消费券实施前后参与游泳健身总人次、总人数以及不同游泳健身偏好客户群人数总体均值，探究消费券对各类客户群的激励效应。从行为偏好与选择视角，以问卷调查形式分析参与全民健身的影响因素，了解参与游泳健身客户群以其他方式健身的行为特征，并通过交叉分析、卡方检验验证其他方式健身偏好对游泳健身偏好的影响，对消费券相关激励效应给予进一步解释。

本书以精准营销为理论基础，以花样滑冰项目为例，依据国家花样滑冰等级测试参测人员数据，从总体规模、市场结构、地域分布等维度对花样滑冰健身休闲市场进行研判，分析了花样滑冰健身休闲市场的总体发展态势；以黑龙江省花样滑冰邀请赛参赛队员家长为调查对象，以问卷调查的方式，从人文特征、消费行为和消费心理等维度对花样滑冰健身休闲市场终端客户群进行细分。

本书提出"冬夏"公园的概念，论证了"冬夏"公园的可行性，同时，对"冬夏"公园进行功能定位与场地设施分级。

本书以具体形态文化资本、客观形态文化资本、制度形态文化资本为冰雪体育文化资本的三种具体形式，确定了黑龙江省冰雪体育文化资本的描述变量，并以这三类描述变量描绘了各时期[①]黑龙江省冰雪体育文化资本，同时提出：冰雪体育文化资本演进以满足个人内在的健康、社交需求、价值认同，强调对偶尔参与全民健身的客户群的激励；以满足个人内在的受尊重的需求和自

---

① 包括新中国成立至改革开放、改革开放至成功举办亚冬会、成功举办亚冬会至北京成功申办冬奥会、北京成功申办冬奥会成功至今四个阶段。

我实现的需求，强化对经常参与全民健身的客户群的激励。

本书最后从外部（公共、市场）软环境、外部硬环境、体育文化资本等视角，即由外及内的激励路径，对具有不同全民健身偏好的客户群分别提出全民健身精准激励策略。

二、研究方法

本书研究方法既包括麦氏检验、交叉分析、卡方百分比同质性检验、相依样本 t 检验等多种统计学定量分析方法，又包括文献分析、归纳演绎、综合分析等诸多定性研究方法。本书具体研究方法见图 1-1。

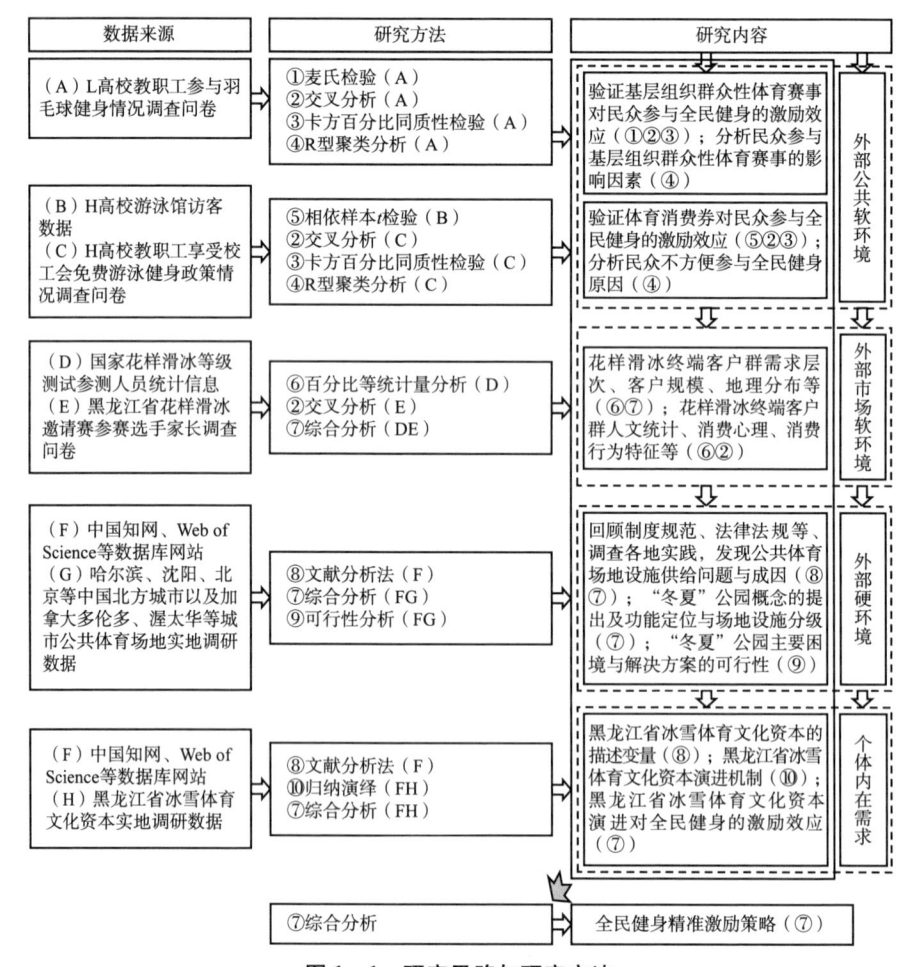

数据来源	研究方法	研究内容	
（A）L 高校教职工参与羽毛球健身情况调查问卷	①麦氏检验（A） ②交叉分析（A） ③卡方百分比同质性检验（A） ④R 型聚类分析（A）	验证基层组织群众性体育赛事对民众参与全民健身的激励效应（①②③）；分析民众参与基层组织群众性体育赛事的影响因素（④）	外部公共软环境
（B）H 高校游泳馆访客数据 （C）H 高校教职工享受校工会免费游泳健身政策情况调查问卷	⑤相依样本 t 检验（B） ②交叉分析（C） ③卡方百分比同质性检验（C） ④R 型聚类分析（C）	验证体育消费券对民众参与全民健身的激励效应（⑤②③）；分析民众不方便参与全民健身原因（④）	
（D）国家花样滑冰等级测试参测人员统计信息 （E）黑龙江省花样滑冰邀请赛参赛选手家长调查问卷	⑥百分比等统计量分析（D） ②交叉分析（E） ⑦综合分析（DE）	花样滑冰终端客户群需求层次、客户规模、地理分布等（⑥⑦）；花样滑冰终端客户群人文统计、消费心理、消费行为特征等（⑥②）	外部市场软环境
（F）中国知网、Web of Science 等数据库网站 （G）哈尔滨、沈阳、北京等中国北方城市以及加拿大多伦多、渥太华等城市公共体育场地实地调研数据	⑧文献分析法（F） ⑦综合分析（FG） ⑨可行性分析（FG）	回顾制度规范、法律法规等、调查各地实践，发现公共体育场地设施供给问题与成因（⑧⑦）；"冬夏"公园概念的提出及功能定位与场地设施分级（⑦）；"冬夏"公园主要困境与解决方案的可行性（⑨）	外部硬环境
（F）中国知网、Web of Science 等数据库网站 （H）黑龙江省冰雪体育文化资本实地调研数据	⑧文献分析法（F） ⑩归纳演绎（FH） ⑦综合分析（FH）	黑龙江省冰雪体育文化资本的描述变量（⑧）；黑龙江省冰雪体育文化资本演进机制（⑩）；黑龙江省冰雪体育文化资本演进对全民健身的激励效应（⑦）	个体内在需求
	⑦综合分析	全民健身精准激励策略（⑦）	

图 1-1　研究思路与研究方法

第四节　主要创新点

　　本书以偶尔参与、经常参与全民健身的客户群为主要目标客户群，将偶尔参与、经常参与全民健身的客户群总量的提升，以及偶尔参与全民健身的客户转化为经常参与全民健身的客户的程度与水平设置为验证激励效应的重要标准，强调以最优资源配置高效地实现全民健身激励目标，更好地满足不同全民健身客户群的多层次需求，探讨了针对不同全民健身客户群的精准激励策略。

　　本书提出由内及外的多维度激励路径、公共政策与市场机制的多种资源组合配置，形成针对不同客户群更具适用性、有效性的全民健身精准激励策略。

第二章　基本概念与相关理论

第一节　基本概念

一、全民健身

1952年，毛泽东同志为中华全国体育总会成立题词"发展体育运动，增强人民体质"，这成为新中国全民健身的指导方针。[①] 改革开放后，全民健身进入新的发展阶段。1995年，国务院发布《全民健身计划纲要》，强调广泛地开展群众性体育活动，增强人民体质。2009年国务院发布的《全民健身条例》指出，为了促进全民健身活动的开展，保障公民在全民健身活动中的合法权益，提高公民身体素质，制定本条例。由此可见，全民健身就是强调广泛地开展群众性体育活动，进而增强人民体质。

二、激励及其内因与外因

激励是通过某种内部和外部的刺激，激发人的动机，使人产生一股内在的动力，从而调动其积极性、主动性和创造性，使其朝向预定目标前进的一种管理活动。激励通常是和动机连在一起的，主要指人类活动的一种内心状态。无论是激励还是动机，都包含三个关键要素：努力、目标和需要。激励的出发点是激发人未满足的需要，通过具体的手段，让人对未满足的需要产

[①] 胡鞍钢，方旭东. 全民健身国家战略：内涵与发展思路 [J]. 体育科学，2016（3）：3–9.

生某种期望。[1]

三、激励效应

激励效应是指在某种刺激下，人们产生的一系列行为和心理变化。在日常生活中，激励效应无处不在，它既可以促进个体的积极行为，也可以导致消极行为。从心理学角度来看，激励效应是一种心理状态，它可以通过激发人们的内在动力而引发一系列行为和心理变化。因此，应该在厘清认知学派与行为学派理论分野的基础上，遵循"刺激→动机性信息加工→反应"范式，构建一个多路径激励效应模型。[2] 从社会学角度来看，激励效应是一种社会现象，它可以通过社会关系和文化背景来影响个体的行为与态度。[3]

四、激励策略

激励是用来缩短实际状况与理想目标状况之间差距的手段，有助于引导个人以主动积极的态度与方法，朝激励者引导的特定目标前进。[4] 针对激励的实用性价值，众多学者从多个角度做出了研究。于一（2012）指出以人为本的个性化激励策略的重要性。个性化激励策略应适合企业的发展战略，满足员工的个性化需求，实施个性化激励策略是管理理论与实践进步的重要趋势。

智能物联网平台生态的价值共创激励策略研究表明，协同合作模式下参与者的努力水平最高，这有利于同时实现个体和系统的帕累托最优。[5] 王诣铭（2021）等提出了能够提升公众参与度与参与质量的激励策略，并试图探究显性激励和隐性激励对公众群体参与的不同影响。

---

[1] 周三多. 管理学 [M]. 北京：高等教育出版社，2005：236-252.
[2] 马君，胡佳，杨涛. 打开奖励的"薛定谔黑箱"：认知学派与行为学派的理论分野与整合 [J]. 外国经济与管理，2015（3）：27-39.
[3] 张兆国，曹丹婷，张弛. 高管团队稳定性会影响企业技术创新绩效吗：基于薪酬激励和社会关系的调节作用研究 [J]. 会计研究，2018（12）：48-55.
[4] 王磊，丁振伟. 全民阅读活动中激励策略之运用 [J]. 图书情报工作，2015（5）：11-15.
[5] 傅建晓，任雪杰，赵林度. 基于智能物联网平台生态的价值共创激励策略研究 [J]. 科技管理研究，2022（17）：198-208.

第二节 相关理论

一、激励理论

维克多·H. 弗鲁姆（Victor H Vroom, 1964）在《工作与激励》（*Work and Motivation*）一书中提出"激励理论"这一概念，后激励理论也被称作"期望－效价理论"，是指通过特定的方法与管理体系，将员工对组织及工作的承诺最大化的过程，其本质是关于如何满足人的各种需要、调动人积极性的原则和方法。该理论主要分为内容激励、过程激励和行为后果三大流派。内容激励流派包括马斯洛需求理论、赫茨伯格双因素理论以及麦克利兰成就需求理论等；过程激励流派包括期望理论、公平理论、目标设置理论等；行为后果流派包括强化理论、归因理论等。马斯洛需求层次理论强调，员工的需求由低到高可以分为生理需求、安全需求、心理需求、尊重需求、自我实现需求几个层次，当低层次需求得到满足后，更高层次的需求就会成为驱动行为的决定因素。① 斯金纳的强化理论强调人的行为可以通过强化作用来进行引导和调节，如对员工有价值行为的奖励和表扬能让员工延续和重复这种有价值行为，反之，如果忽视了对员工有价值行为的奖励和表扬，员工则可能会放弃工作中的努力。② 归因理论侧重于以个人为研究对象，用以解释其行为原因的认知过程，亦即研究人的行为受到激励是"因为什么"的问题，[3] 进而探究个性化的激励策略。

1967年，美国学者爱德华·E. 劳勒（Edward E L）和莱曼·波特（Lyman P）在其著作《管理态度和成绩》（*Managerial Attitudes and Performance*）中提出综合激励理论模型，该模型吸收了需求理论、期望理论和公平理论的成

---

① 高存友，白晶，占归来，等. 基于马斯洛需求层次理论的灾后心理危机干预模式的构建与应用 [J]. 中国卫生资源，2022（5）：622－627，634.

② 余钦. 斯金纳强化理论对高校学生干部培养的启示 [J]. 学校党建与思想教育，2020（4）：81－83.

③ 朱月乔，周祖城. 企业履行社会责任会提高员工幸福感吗：基于归因理论的视角 [J]. 管理评论，2020（5）：233－242.

果，更为全面，更为完善。

二、需求—供给理论

需求是指在一定时期，一定经济条件下，消费者愿意并能够购买某种商品或服务的数量。需求的影响因素主要包括产品价格、相关产品（替代品、互补品）价格、消费者收入、消费者偏好、价格预期、广告支出、人口总量等。供给是指在一定经济条件下，供给者愿意并能够销售某种商品或服务的数量。供给的影响因素包括产品价格，相关产品价格、生产成本、相关政策等。

如果一段时间内，除价格之外的其他经济条件相对稳定，当需求大于供给时，会出现供不应求的情况，也就是市场上出现了"短缺"现象。此时，市场会给供给者传递信号，市场供给增加，逐渐满足市场需求。如果市场供给增加过快，快于市场需求的变化，则会出现供大于求的情况，也就是市场上出现"剩余"现象。这时市场也会给供给者传递信号，市场供给减少，进而减少"剩余"。在市场经历多次"短缺"与"剩余"的情况后，将会逐渐趋于稳定，也就是需求与供给实现了均衡。需求与供给实现均衡的这个点就是市场均衡点，对应的价值就是均衡价格，对应的交易量就是均衡交易量。市场均衡实现过程的主导机制就是市场机制。

全民健身既需要依托全民健身公共服务体系，同时也需要依靠市场机制对全民健身市场的调节作用。充分认识公共资源与市场机制的属性、特点、适用范围与适用对象，有利于更好地选择不同策略，激励不同健身偏好的客户群参与全民健身。

三、可持续发展理论

"可持续发展"（sustainable development）一词最早出现在国际自然及自然资源保护联盟（International Union for Conservation of Nature，IUCN）于1980年发布的《世界保护策略》（*World Conservation Strategy*）中。该策略旨在通过对生物资源的保护实现可持续发展这一总体目标。美中不足的是，该策略将主要关注点放在生态环境的可持续性上，并没有将可持续性与社会和经济问题有机联系在一起。[①] 后来真正意义上的可持续发展理论是由联合国世界环境与发展委员会（World Commission on Environment and Development，WCED）正式提出的。世界环境与发展委员会于1987年3月提出《我们的共同未来》（Our Common Future）这一报告。该报告由"共同关注""共同挑战""共同努力"三部分组成，将可持续发展理念贯穿其中，并提出大家所熟知的可持续发展定义：既满足当代人需求，又不损害后代人满足其自身需求的能力。[②]

2020年，党的十九届五中全会进一步强调，把高质量发展的要求贯穿到经济、社会、文化、生态等各个领域。高质量发展成为解决我国新发展阶段、新发展环境、新发展条件下新问题的核心战略举措。高质量发展就是基于质量的全面发展，[③] 是一种强可持续发展，[④] 是一种更高层次的可持续发展。[⑤] 高质量发展需要满足人民日益增长的美好生活需要，并且解决发展不平衡不充分的问题。可持续发展要求满足人类的基本需要，并为人类向往更美好的生活提供机会。美好生活需要绝不仅仅是单纯的物质性要求，其将越来越多地表现为人的全面发展的要求，[⑥] 创新、协调、绿色、开放、共享的新发展理念成为界定高质量发展内涵的重要准则。[⑦] 因此，可持续发展下的高质量发展，强调的是经济效益、社会效益、生态效益的结合，是一个系统性概念。[⑧] 实现发展重心从经济向社会的转变，[⑨] 需要提高治理能力以处理政府、市场、公众等多元主体之间的复杂关系。[⑩] 生态经济学认为，如果没有自然资本的投入，人造资本

[①] 黄世忠．支撑ESG的三大理论支柱［J］．财会月刊，2021（19）：3-10.

[②] 张晓玲．可持续发展理论：概念演变、维度与展望［J］．中国科学院院刊，2018（1）：10-19.

[③] 任保平．新时代高质量发展的政治经济学理论逻辑及其现实性［J］．人文杂志，2018（2）：26-34.

[④] 诸大建．可持续性科学：基于对象—过程—主体的分析模型［J］．中国人口·资源与环境，2016（7）：1-9.

[⑤] 张朝枝，杨继荣．基于可持续发展理论的旅游高质量发展分析框架［J］．华中师范大学学报（自然科学版），2022（1）：43-50.

[⑥] 金碚．关于"高质量发展"的经济学研究［J］．中国工业经济，2018（4）：5-18.

[⑦] 安淑新．促进经济高质量发展的路径研究：一个文献综述［J］．当代经济管理，2018（9）：11-17.

[⑧] 侯兵，杨君，余凤龙．面向高质量发展的文化和旅游深度融合：内涵、动因与机制［J］．商业经济与管理，2020（10）：86-96.

[⑨] 高培勇，袁富华，胡怀国，等．高质量发展的动力、机制与治理［J］．经济研究，2020（4）：4-19.

[⑩] 袁晓玲，李彩娟，李朝鹏．中国经济高质量发展研究现状、困惑与展望［J］．西安交通大学学报（社会科学版），2019（6）：30-38.

就无法复制。① 因此，自然资本必然是需要被保护的，这与"强可持续发展"的思想相契合。可持续发展倡导将消费水平控制在生态环境可承受范围之内的价值观，倡导人与自然和谐相处。绿水青山就是金山银山，既要坚持人与自然、人与人、人与社会的和谐统一，又要兼顾人民群众高品质生活与生态环境高质量保护的和美共赢。

以推动绿色发展为抓手，推进生态文明建设是我国绿色发展的重要内涵。2016年3月，习近平总书记参加十二届全国人大四次会议黑龙江代表团审议时首次提出：绿水青山就是金山银山，黑龙江的冰天雪地也是金山银山。② 2023年9月在黑龙江考察时，习近平总书记又进一步指出："把发展冰雪经济作为新增长点，推动冰雪运动、冰雪文化、冰雪装备、冰雪旅游全产业链发展。"③ 2022年北京冬奥会极大地推动了我国冰雪运动、冰雪产业的发展，但要实现可持续发展，以及在此基础之上的高质量发展，不仅需要人与自然的和谐发展，更需要注重经济、社会、生态的和谐发展。实施全民健身国家战略，就是要在多种资源约束条件下，以高质量发展的方式，实现全民健身的战略目标。

四、精准营销理论

现代营销理论大师菲利普·科特勒（Philip Kotler）2015年提出了"精准营销"这一概念。精准营销是指通过定量和定性相结合的方法对目标市场不同客户群进行细致分析，根据他们不同的消费心理和行为特征，采用有针对性的现代技术、方法和指向明确的策略，实现目标定位，进而促进对目标市场不同客户群强有效性、高投资回报的营销沟通。精准营销的作用在于对目标市场进行精准定位，从而提升信息传播的针对性，激发客户的消费意向，进而达到营销目的。④

精准营销具有五个主要特征。（1）目标对象的选择性。精准营销最基本特征就是要尽可能准确地选择好目标受众，排除那些非目标受众，以便进行强

---

① Zilberman D. The Economics of Sustainable Development [J]. American Journal of Agricultural Economics, 2014（2）：385–396.

②③ 杨思琪，张研，曹嘉玥. 第一观察 | 真切感受到"冰天雪地也是金山银山"[EB/OL]. [2025–02–08]. 新华网, https://www.xinhuanet.com/politics/20250208/d3e16241b5b14c5a8bcbf6c0f23ac246/c.html.

④ 胡茜. 感知价值和感知风险视角下精准营销与消费者网购行为分析 [J]. 商业经济研究，2021（13）：71–74.

针对性的沟通。（2）沟通策略的有效性。精准营销强调沟通策略要尽可能有效，能很好地触动受众。（3）沟通行为的经济性。精准营销强调与目标受众沟通的高投资回报，减少浪费。（4）沟通结果的可衡量性。精准营销要求沟通的结果和成本尽可能可衡量，避免"凭感觉"。（5）精准程度的动态性。精准营销的"精准"程度本身是相对的、动态的。[1]

精准营销的思想与高质量发展的内涵具有一致性，积极借鉴精准营销的思想，提供个性化的公共体育服务与体育市场供给，将有利于群众体育资源的优化配置，为高质量实现全民健身的战略目标提供有效支撑。

五、文化资本理论

文化资本是影响个人教育获得和社会地位获得的重要因素。[2] 皮埃尔·布迪厄（Bourdieu Pieer, 1986）认为，资本是社会交换系统中依靠权力和地位获得的积累，它可以延伸到所有稀缺但值得追求的物质性和象征性的商品上，其中涉及象征性、非经济性的社会关系的积累就是文化资本。

全民健身作为一种健康的休闲方式已融入居民的生活，并因文化资本的不同而在现代社会各阶层中呈现出一定的差异性。[3] 周曰智等（2017）指出，家庭体育文化资本的现实困境表现为学校场域外体育文化资本获取的疏离、家庭体育文化资本数量与结构的发展失衡以及家庭体育文化资本代际传递途径阻滞，并对此给出相应对策，包括积极参与社区健康营造、加速专项体育文化资本的获取、优化家庭教育投资结构、强化体育与健康的国家宏观干预等。胡颢琛等（2023）从数字人文领域出发，提出：健身博主的内容生产提供了文化资本再生产的虚拟空间，使他们的文化资本和社会资本都有所提升。

---

[1] 胡茜. 感知价值和感知风险视角下精准营销与消费者网购行为分析［J］. 商业经济研究，2021（13）：71-74.

[2] 仇立平，肖日葵. 文化资本与社会地位获得：基于上海市的实证研究［J］. 中国社会科学，2011（6）：121-135，223.

[3] 张明明，安雅然. 辽宁体育休闲的阶层差异探究：布迪厄"社会阶层"理论［J］. 辽宁行政学院学报，2010（4）：175-176.

第三章 基层组织群众性体育赛事的全民健身激励效应

第一节 相关概念的界定

一、基层组织群众性体育赛事

冯加付等（2020）提出，群众性体育赛事是以普通群众为参与主体，以满足群众健身、休闲、娱乐、社交为目的，以体育项目竞赛为内容，在一定竞赛规则约束下，通过竞争和对抗决出胜负或排名，以群众体验参与为主要形式所开展的社会活动。冯加付（2022）还指出，我国群众体育赛事的办赛宗旨已由新中国初期的为"国家建设和国防服务"转变为新时代的"以人为本和以人民为中心"上。因此，本书将以基层单位工会、基层文化体育组织、居民委员会和村民委员会等基层组织为主体，以激励更广泛的群众参与全民健身为宗旨，以体育赛事为主要内容的活动称为基层组织群众性体育赛事。

二、基层组织群众性体育赛事的功能

社会性赛事具有明显的公益价值与社会价值，包括推广全民健身事业、提升城市形象、普及体育运动、丰富物质精神生活等。马思远（2021）提出，根据群众参与体育运动项目的目的，可将业余体育竞赛分为竞技挑战类、运动健身类和休闲娱乐类。其中，竞技挑战类以夺取比赛优胜为主要

目标；运动健身类以强身健体为主要目标；休闲娱乐类将休闲娱乐身心作为主要目标。

第二节 文献综述与研究假设

一、公共体育服务的全民健身激励措施

尚帅（2016）通过分析动机量表（5分法）的均值，得出海淀区居民参与游泳运动项目动机水平较高的结论，同时指出，随着年龄的增长，竞技水平单方面的参与动机呈下降趋势；由此提出，青少年喜欢追求更高的技能水平，游泳场馆、学校可定期组织一些青少年游泳比赛，以提高青少年参与大众游泳运动的积极性。梁一珺（2016）依据PALMS量表，通过因子分析、单因素方差分析等方法，得出马拉松参与者的参与动机主要为健康、乐趣、能力、社交和外貌这一结论，并给出不同人口学因素对不同动机的强弱影响，由此提出针对不同群体分别进行宣传与设置竞赛项目的建议。这些研究集中在民众参与某项运动的动机上，并通过动机识别寻找激励民众参与全民健身的策略，但这些策略是否有效，尚未得到验证。

郑家鲲（2021）提出，要进一步放宽各级各类群众性体育赛事活动的准入标准，完善社会力量参与办赛激励机制，充分调动社会办赛、市场办赛的积极性。史小强等（2021）也提出相同的观点，认为全民健身体育赛事活动是吸引广大群众参与、持久开展全民健身活动的重要形式和强大动力，要以活动为基础，以赛事为引领，带动广大群众强身健体。这些观点对理解举办群众性体育赛事的总体目标以及激励效应具有积极作用，不过不同层次、规模的群众性体育赛事对具有不同全民健身偏好的客户群的激励效应是否相同，尚待揭示。王雪莉等（2019）认为，大力发展休闲健身，丰富和完善全民健身活动体系，完善业余体育竞赛体系，是对丰富体育消费需求相关政策的落实；鼓励政府机关、企事业单位、社会团体、学校等组织开展健身活动和实行工间、课间健身制度，是对培育体育消费理念相关政策的落实；体育消费券、"运动银行"、推行《国家体育锻炼标准》是全民健身的激励手段与措施。上述观点对于认识全民健身的相关政策及其落实情况具有重要价值，但将促进体育消费、

塑造体育文化、实施全民健身激励的具体措施与相关政策进行严格的一一对应，是否有助于理解相关政策间的协同效应，是否有助于理解群众性体育赛事与其他政策措施间的协同效应，是否有助于构建完整的全民健身公共服务体系，还有待进一步验证。

二、基层组织群众性体育赛事全民健身激励效应的研究假设

为了使研究目标更为具体、集中，研究范围更为明确，进而使研究成果更有针对性，本书主要以基层单位工会、居委会与村委会等基层组织举办的具有公益性质的群众性体育赛事，即基层组织群众性体育赛事为研究对象，检验以基层组织群众性体育赛事激励民众参与全民健身的有效性。

从管理学的角度讲，激励受内外部因素的影响，内因主要是人的认知知识构成，外因主要是人所处的环境，人的行为可以看作人自身特点及其所处环境的函数。[1] 因此，基层组织群众性体育赛事主要通过外部软环境来影响民众参与全民健身的动机，并促使动机转化为具体行动。由此提出研究假设3-1，即基层组织群众性体育赛事对民众参与全民健身具有激励效应。在此基础上，同时提出四个相关研究假设，也就是分别以性别（假设3-2）、年龄（假设3-3）、开始运动健身的时间（假设3-4），以及中小学阶段运动偏好（假设3-5）四个客观因素为描述变量，提出以同一描述变量（如性别）不同变量值（如男女）所代表的各群体对基层组织群众性体育赛事激励效应的敏感性相同，进而揭示基层组织群众性体育赛事对同一描述变量不同群体参与全民健身的激励效应是否一致。此外，举办某一体育项目的赛事是否会影响民众参与其他体育项目的积极性？是否会形成不同体育项目对客户群的竞争？这对推广全民健身的策略选择以及体育项目的产业化发展具有重要现实价值。因此，提出研究假设3-6，即基层组织群众性体育赛事对民众参与其他体育健身项目产生积极影响。

---

[1] 周三多. 管理学 [M]. 北京：高等教育出版社，2005：236-252.

第三节　数据与样本

一、样本的典型性

由于体育项目的种类繁多，群众性体育赛事层次、类型各不相同，不同群体的特征也具有差异性。因此，寻找最具代表性的体育项目、民众群体、基层组织的群众性体育赛事成为本书研究的重要基础。

羽毛球项目具有简便性、安全性、健身性、娱乐性与观赏性等特征，良好的群众基础与广泛的适宜群体，[①] 以及我国运动员在羽毛球国际赛场的优异表现，决定了羽毛球运动成为全民健身体育项目的重要选项。此外，武东明等（2015）通过分析"2015年全民健身活动状况调查"数据指出，每周参加一次体育锻炼人群和经常参加体育锻炼人群中，排在前十位的体育锻炼项目相同，其中，羽毛球排在第四位，在球类项目中排第一位。以上足见羽毛球作为全民健身体育项目的代表性。

我国步入新时代后，中等收入群体将成为不断增加的社会主体。[②] 曹志文等（2012）以河北省某重点院校教职工为样本，赵卫华（2013）以北京18所高校教职工为样本，马烈等（2014）以四川省某省属普通高校全体教职工为样本，分别对高校教职工的人均收入水平进行了研究。虽然不同年份的数据由于时间价值等因素的影响会有一定误差，但总体来看，高校教职工人均年收入水平与李强等（2017）提出的现阶段我国中等收入群体界定标准（即"人均年收入3.5万~12万元"）相符。所以，高校教职工作为我国中等收入群体的一部分，具有一定的典型性。虽然不同收入群体参与全民健身的均衡问题不容忽视，但将主要社会群体视为研究对象会使研究结论更具指导性与前瞻性。同时，高校教职工的健身场地、健身时间都有一定保障，硬件条件不会成为

[①] 韩伟. 羽毛球运动在全民健身中的健身价值分析 [J]. 价值工程, 2011 (16): 311-312. 鞠振艳, 刘小辉. 关于羽毛球运动在全民健身活动中价值的研究 [J]. 吉林省教育学院学报, 2012 (6): 60-61. 宋幼萍. 羽毛球运动在全民健身中作用的研究 [J]. 科技信息, 2011 (4): 258-258.

[②] 习近平. 决胜全面建成小康社会 夺取新时代中国特色社会主义伟大胜利 [R]. [2017-10-28]. 人民网, http://cpc.people.com.cn/n1/2017/1028/c64094-29613660.html.

高校教职工参与全民健身的外部环境障碍；其健康与健身意识相对较强，主观上更容易接受全民健身的理念。以这样的群体为样本，探讨基层组织群众性体育赛事对民众参与全民健身的激励效应，更容易剔除其他因素对民众参与全民健身的影响。

从《全民健身条例》及连续三版的《全民健身计划》可以看出，机关、企事业单位工会始终被赋予推动职工体育、提供全民健身服务、加强全民健身人才队伍建设的重任。工会组织的体育赛事更是基层组织群众性体育赛事的典型代表，并具有公共服务属性。黑龙江省L高校为省部共建地方综合性大学，建校70余载，教职工约2 900人，是黑龙江省"双一流"高校。无论从学校规模、发展历程、学校属性，该校均可作为国内高校的典型代表。因此，依据研究样本选择的经济性、科学性、客观性、普遍性、精确性与可靠性等原则，[①] 本研究以黑龙江省L高校教职工为调查样本，以黑龙江省L高校工会组织的教职工羽毛球赛事为例，采用调查问卷收集数据，验证黑龙江省L高校工会组织的校羽毛球比赛对教职工参与羽毛球运动健身的激励效应，以揭示基层组织群众性体育赛事对民众参与全民健身的激励效应。

二、问卷的编制与调查样本

调查问卷的内容除基本人口学信息外，还包括校羽毛球赛前后教职工参与羽毛球运动的频次、参与其他体育项目健身的频次，以及教职工开始羽毛球运动健身的时间、中小学阶段运动偏好等客观因素。同时，借鉴"身体活动和休闲动机量表"（Physical Activity and Leisure Motivation Scale，PALMS），[②] 以及马斯洛需求层次理论，更多地从社交、尊重、自我实现等视角分析校羽毛球赛激励教职工参与羽毛球运动健身的主观影响因素。

为方便调查问卷的发放、回收及相关统计，问卷调查借助了"问卷星"平台对黑龙江省L高校教职工进行调查。本次问卷调查是在2016年度黑龙江省L高校工会组织的教职工羽毛球赛赛事期间开始，在赛事结束一个月后终止，共收到调查问卷135份。将Q8"您是否参加2016年校工会组织的教职工

---

① 孙国强. 管理研究方法［M］. 上海：世纪出版集团，上海人民出版社，2007：61.
② 秦涛. 身体活动与休闲动机量表（PALMS）的跨文化检验［J］. 西南师范大学学报（自然科学版），2016（2）：142–146.

羽毛球赛"与Q11"您准备参加校教职工羽毛球赛阶段进行羽毛球运动健身的频次"、Q12"校教职工羽毛球赛后，您进行羽毛球运动健身的频次"、Q15"校工会组织羽毛球赛是如何唤起您进行羽毛球运动健身兴趣的"进行交叉分析，去掉前后矛盾的问卷，共得到有效问卷117份，有效率为86.7%。

三、调查数据的预处理

依据《全民健身计划（2016－2020）》的目标，到2020年每周参加1次及以上体育锻炼的人数达到7亿人。借鉴此标准，参与羽毛球健身每周至少1次的，设定为参与羽毛球健身的教职工群体，否则为不参与羽毛球健身的教职工群体，由此也将调查对象分为参与羽毛球健身的教职工群体与不参与羽毛球健身的教职工群体两类。将Q10（您获悉举行校教职工羽毛球赛前进行羽毛球健身的频次）与Q12（校教职工羽毛球赛后，您进行羽毛球健身的频次如何）进行交叉分析，可以揭示学校教职工羽毛球赛前后教职工参与羽毛球健身的变化情况。同样，调查对象又可分为参与其他体育项目健身的教职工群体与不参与其他体育项目健身的教职工群体两类（设定标准不变），将Q13（您在参加校教职工羽毛球赛的准备阶段、赛时阶段、赛后一个月内，参加其他体育健身项目的频次如何）（赛后）与Q14（没有羽毛球赛事期间，您参与其他体育健身项目的频次如何）（赛前）进行交叉分析，即可揭示校教职工羽毛球赛对教职工参与其他体育健身项目的影响水平。相关交叉分析结果见表3－1。

表3－1　　　　Q10与Q12及Q14与Q13交叉分析结果　　　　单位：频次

Q10\Q12		赛后		小计	Q14\Q13		赛后		小计
		不参与	参与				不参与	参与	
赛前	不参与	39	19	58	赛前	不参与	49	7	56
	参与	2	57	59		参与	14	47	61
小计		41	76	117	小计		63	54	117

资料来源：根据黑龙江省L高校教职工参与羽毛球健身情况的调查问卷整理。

从表3－1中Q10与Q12的交叉分析结果可以看出，赛事前后均不参与羽毛球健身、均参与羽毛球健身的样本表明，校羽毛球赛对这些教职工参与羽毛球健身没有影响；赛前参与、赛后不参与羽毛球健身的样本表明，校羽毛球赛对这些教职工参与羽毛球健身具有消极影响。对于没有影响和具有消极影响的教职工而言，校羽毛球赛对教职工参与羽毛球健身没有激励效应。赛前不参与、赛后参与羽毛球健身的样本表明，校羽毛球赛对这些教职工参与羽毛球健身有积极影响，即校羽毛球赛对教职工参与羽毛球健身具有激励效应。根据这一界定，将 Q10 与 Q12 交叉分析的结果分别再与 Q1（您的性别）、Q3（您的年龄区间）、Q4（您何时开始进行羽毛球健身）、Q5［您在中小学阶段（包括之前）是否经常进行体育健身（包括非羽毛球项目）］进行交叉分析，并将具有激励效应的样本归为一类，没有激励效应的样本归为一类，所得结果见表 3-2。其中，"年龄"（Q3）分组中，由于"55 岁以上"年龄组样本量较少（2 人，占总样本量 1.71%），与"46~55 岁"组合并为"46 岁以上"组；"您何时开始进行羽毛球健身"（Q4）分组中，由于"学龄前"组样本量较少（1 人，占总样本量的 0.85%），将其与"中小学阶段"组合并为"学龄前及中小学阶段"。

表 3-2　校羽毛球赛对同一描述变量不同教职工群体的激励效应结果　　单位：频次

变量		性别（Q1）		年龄（Q3）			何时开始进行羽毛球健身（Q4）				中小学阶段进行体育健身的频次（Q5）		
		女性	男性	35岁以下	36~45岁	46岁以上	学龄前及中小学阶段	大学	工作后	没有进行羽毛球健身	经常	偶尔	没有
反应变量	没有激励效应	42	56	22	53	23	15	11	67	5	39	48	11
	具有激励效应	11	8	3	9	7	2	2	14	1	14	5	0
	小计	53	64	25	62	30	17	13	81	6	53	53	11
	总计	117		117			117				117		

资料来源：根据黑龙江省 L 高校教职工参与羽毛球健身情况的调查问卷整理。

第四节 研究方法与结果

一、麦氏检验结果

麦氏检验（McNemar Test）适用于考察同一调查群体（黑龙江省 L 高校教职工）对一件事情（校羽毛球赛）前后两次反应的差异，因此，运用麦氏检验对表 3-1 中的数据进行卡方分析，结果详见表 3-3。

表 3-3　　Q10\Q12 和 Q14\Q13 交叉分析的麦氏检验结果

统计量		值	精确显著性（双侧）
麦氏检验	Q10\Q12	13.762	0.000[a]
	Q14\Q13	2.333	0.189[b]
有效个案数（个）		117	

注：a. 使用了二项分布；b. 使用了二项分布。

从表 3-3 的计算结果来看，Q10\Q12 交叉分析后麦氏检验显著性水平为 $p=0.000$，小于 $p_0=0.05$，即赛事前后参与羽毛球健身的教职工人数具有显著性差异。赛前不参与、赛后参与羽毛球健身的样本数 19 人，赛前参与、赛后不参与羽毛球健身的样本数 2 人，参与羽毛球健身的教职工人数显著增加，表明校羽毛球赛对教职工参与羽毛球健身具有积极的激励效应，接受研究假设 3-1。Q14\Q13 交叉分析后麦氏检验显著性水平为 $p=0.189$，大于 $p_0=0.05$，即校羽毛球赛前后教职工参与其他体育健身项目的频次没有显著性差异，表明校羽毛球赛没有影响教职工参与其他体育健身项目的积极性，拒绝研究假设 3-6。

二、卡方百分比同质性检验的结果

卡方百分比同质性检验适用于由两个离散变量交叉构成的列联表中各单元格中的百分比是否有所差异，在此可以用于判断校羽毛球赛对同一描述变量

（即设计变量，如性别）不同变量值（男、女）的各样本（教职工）群体具有激励效应与没有激励效应（反应变量）百分比的差异性，进而判断校羽毛球赛对于不同属性教职工群体的激励效应是否相同，并适用于 I×J 列联表数据。其中，I 的水平数可以等于 J 的水平数，也可以不等于 J 的水平数。[1] 不过，在进行卡方检验时，要求每个单元格的理论期望值要大于 5。在对 Q3 分组进行卡方百分比同质性检验时，出现两个单元格期望计数小于 5 的情况。根据样本特征，将"35 岁以下"组与"46 岁以上"组合并，形成"36~45 岁"组与"35 岁以下或 46 岁以上"组。在对 Q4 分组进行卡方百分比同质性检验时，出现三个单元格期望计数小于 5 的情况，因此，将"学龄前及中小学阶段"组与"大学"组合并，形成新的"工作前"组，同时将"没有进行羽毛球健身"组并入"工作后"组，即最终形成"工作前"组与"工作后"组。在对 Q5 分组进行卡方百分比同质性检验时，由于"没有"组样本量较少（11 人，占总人数 9.4%），且"没有"组单独作为一组时，卡方检验结果中出现一个单元格期望计数小于 5 的情况，因此，将其与"偶尔"组合并为"偶尔或没有"组。调整后的数据详见表 3-4。

表 3-4　　　调整后的校工会羽毛球赛事对于同一
描述变量不同教职工群体的激励效应结果　　　单位：频次

变量		年龄（Q3）		何时开始进行羽毛球健身（Q4）		中小学阶段进行体育健身的频次（Q5）	
		36~45 岁	35 岁以下或 46 岁以上	工作前	工作后	经常	偶尔或没有
反应变量	没有激励效应	53	45	26	72	39	59
	具有激励效应	9	10	4	15	14	5
小计		62	55	30	87	53	64
总计		117		117		117	

结合表 3-2、表 3-3 的数据进行卡方百分比同质性检验的结果详见表 3-5。由于有效观测值的样本数（本例为 117）大于 40，则无论单元格的

---

[1] 吴明隆，涂金堂. SPSS 与统计应用分析 [M]. 大连：东北财经大学出版社，2012：237-267.

期望频数是否小于5，一律使用校正后的卡方值。① 因此，判断卡方百分比同质性检验结果是否具有显著性均使用了连续性修正（耶茨校正）的结果。

表3-5　各描述变量不同组别样本对羽毛球赛事激励效应百分比的同质性检验结果

统计量	值	自由度	渐进显著性（双侧）
皮尔逊卡方（Q1）	1.452[a]	1	0.228
连续性修正[b]（Q1）	0.909	1	0.340
皮尔逊卡方（Q3）	0.288[c]	2	0.592
连续性修正[d]（Q3）	0.081	1	0.775
皮尔逊卡方（Q4）	0.250[e]	1	0.617
连续性修正[f]（Q4）	0.046	1	0.831
皮尔逊卡方（Q5）	7.376[g]	1	0.007
连续性修正[h]（Q5）	6.072	1	0.014

注：a. 0个单元格（0.0%）的期望计数小于5，最小期望计数为8.61；
　　b. 仅针对2×2表进行计算；
　　c. 0个单元格（0.0%）的期望计数小于5，最小期望计数为8.93；
　　d. 仅针对2×2表进行计算；
　　e. 1个单元格（25.0%）的期望计数小于5，最小期望计数为4.87；
　　f. 仅针对2×2表进行计算；
　　g. 0个单元格（0.0%）的期望计数小于5，最小期望计数为8.61；
　　h. 仅针对2×2表进行计算。

从表3-5的计算结果可以看出，与Q1相关的卡方百分比同质性检验中，显著性水平$p=0.340$，大于$p_0=0.05$，即对于不同性别的教职工而言，校羽毛球赛的激励效应相同，接受研究假设3-2。与Q3相关的卡方百分比同质性检验中，显著性水平$p=0.775$，大于$p_0=0.05$，即对于不同年龄的教职工而言，羽毛球赛事的激励效应相同，接受研究假设3-3。与Q4相关的卡方百分比同质性检验中，显著性水平$p=0.831$，大于$p_0=0.05$，即对于不同时间开始进行参与羽毛球健身的教职工而言，校羽毛球赛的激励效应相同，接受研究假设3-4。与Q5相关的卡方百分比同质性检验中，显著性水平$p=0.014$，小于$p_0=0.05$，即对于中小学阶段具有不同运动偏好的教职工而言，校羽毛球赛的激励效应具有显著性差异。根据表3-4中的数据，中小学阶段具有运动偏

---

① 吴明隆，涂金堂. SPSS与统计应用分析[M]. 大连：东北财经大学出版社，2012：237-267.

好的教职工，对校羽毛球赛的激励效应更为敏感，因而拒绝研究假设 3-5。

第五节 相 关 讨 论

一、卡方百分比同质性检验的稳定性

在上述与 Q1、Q3、Q4、Q5 相关的卡方百分比同质性检验中，四个检验均涉及检验结果校正的情况，有三个检验涉及合并单元格频数的情况。那么，这些结果校正与数据处理对检验结果的稳定性是否有影响？检验结果是否可靠？四个卡方百分比同质性检验中最终结果都进行了校正，是为了避免高估卡方值而更容易得到显著性结论，不过耶茨校正结果与皮尔逊卡方检验的结果都是一致的（其中，三个检验结果不显著，一个检验结果显著），也说明了检验结果是稳定的，具有一定可靠性。

关于合并单元格频数对研究结果的影响，需具体情况具体分析。与 Q3 相关的单元格合并中，"55 岁以上"组与"46~55 岁"组合并为"46 岁以上"组。与 Q4 相关的单元格合并中，"学龄前"组与"中小学阶段"组合并为"学龄前及中小学阶段"。将"学龄前及中小学阶段"组与"大学"组合并，将"没有进行羽毛球健身"与"工作后"组合并，最终形成新的"工作前"组与"工作后"组。与 Q5 相关的单元格合并中，"没有"组与"偶尔"组合并为"偶尔或没有"组。这些单元格合并无论是基于样本量的考虑，还是从分组的研究目的的考量，都不会影响分析结果的稳定性。只有与 Q3 相关的单元格合并中，将"35 岁以下"组与"46 岁以上"组合并，形成"35 岁以下或 46 岁以上"组，这个单元格合并确实与最初的研究目标不太一致。但是，从样本本身的分布来看，"36~45 岁"是年龄分组中样本量最多的（62 个），超过总样本量的一半。将这组样本与其他剩余组别合并后的样本进行比较，也能在一定程度上反映出校羽毛球赛对不同年龄段教职工群体的激励效应是否具有差异性。因此，从充分利用问卷调查数据考虑，进行上述单元格频数合并的处理也具有一定的合理性，分析结果也具有一定的适用性。

二、校羽毛球赛影响教职工参与羽毛球健身的主观因素

根据 R 型变量聚类能够将类似变量聚为一类的特点，采用 R 型变量聚类的方法对 Q15［您认为校工会组织羽毛球赛是如何唤起您进行羽毛球健身的兴趣的（可以多选）］、Q16［您认为校工会组织羽毛球比赛是如何影响您形成羽毛球健身习惯的（可以多选）］的调查结果进行聚类，结果见表 3-6 和表 3-7。

表 3-6　　　　　对于 Q15 选项的 R 型变量聚类结果

序号	个案	7类	6类	5类	4类	3类	2类
A	没影响，也不知道比赛消息	1	1	1	1	1	1
B	没影响，也不能参加	1	1	1	1	1	1
C	没影响，原来就有羽毛球运动健身的兴趣	2	2	2	2	2	2
D	单位要求必须参加	3	3	1	1	1	1
E	凑热闹，将比赛视为交流机会	4	4	3	3	2	2
F	争取获得奖品	5	5	4	1	1	1
G	提供尝试新鲜运动项目的机会	6	6	5	4	3	1
H	其他	7	5	4	1	1	1

从各选项变量聚类的过程来看，所有选项变量由 2 类变为 3 类、3 类变为 4 类的过程中，每次类数的增长，均只有一个变量被析出。所有选项变量由 4 类变为 5 类时，有两个变量被同时析出，表明之前被析出的变量之间的距离更大，差异性也较为明显，不能被视为同一层次的选项变量。从具体选项变量的属性可以看出，选项 C 占比最高，说明校羽毛球赛对具有羽毛球运动偏好的教职工有更强的吸引力。选项 E 占比为第二高，表明在很多人看来，群众性体育赛事的社交属性更为重要。选项 G 占比为第三高，表明群众性体育赛事对民众尝试全新的体育项目具有很好的推介作用。

表 3-7　　　　　　　　　对于 Q16 选项的 R 型变量聚类结果

序号	个案	7类	6类	5类	4类	3类	2类
O	没影响，还是不会进行羽毛球运动健身	1	1	1	1	1	1
P	没影响，已经形成羽毛球运动健身习惯	2	2	2	2	2	1
Q	增加进行羽毛球运动健身的频次，减少参与其他体育健身项目的机会	3	3	3	2	2	1
R	争取在比赛中多拿奖品，经常进行羽毛球运动健身	4	4	4	3	1	1
S	争取与更多球友交流的机会，经常进行羽毛球运动健身	5	5	5	4	3	2
T	争取战胜假想对手，赢得尊重，经常进行羽毛球运动健身	6	6	4	3	1	1
U	争取获得好成绩，实现自身价值，经常进行羽毛球运动健身	3	3	3	2	2	1
V	其他	7	6	4	3	1	1

根据表 3-7 的聚类结果，选项变量 S 一枝独秀，在首轮聚类中就自己聚为 1 类，把其他选项变量甩在一边。第二轮聚类时，选项变量 P、Q、U 与剩余的其他选项变量分开，聚为 1 类，表明这些选项变量的距离较近，属性相似，对于通过校羽毛球赛养成教职工羽毛球健身偏好具有类似的影响力。第三轮聚类时，选项变量 S 以及 P、Q、U 的聚类没有发生变化，只是选项变量 O 从原属于它的组别中分离出来。从这样的聚类过程可以看出，选项变量 S 的影响力最强，P、Q、U 影响力次之，且属性相近，同时 S 与 P、Q、U 影响力之间的等级差关系稳定。从选项变量的具体内容来看，S 选项表明羽毛球健身为教职工提供了更多的交流机会，社交成为羽毛球健身的另一个重要属性。P、Q、U 三个选项变量影响力类似，U 选项表明参与羽毛球健身成为教职工取得好成绩、实现自身价值的重要途径，并且此选项与由于具有羽毛球健身偏好而进行羽毛球健身（P 选项）的影响力相同。此外，具有相同影响力的还包括增加进行羽毛球运动健身的频次，减少参与其他体育健身项目的机会（Q 选项），这与假设 3-6 检验的结果相悖。不过，详细比较表 3-1 中 Q14/Q13 交叉分析结果可知，赛前参与其他体育健身项目、赛后不参与其他体育健身项目的样本量为 14，赛前不参与其他体育健身项目、赛后参与其他体育健身项目的样本量为 7，这也说明校羽毛球赛对参与其他体育健身项目影响不显著，但

作用是负向的。同时，由于假设3-6检验的数据只是来自一次赛事短时间的调查结果，Q16的问卷结果来自教职工更长时间的个人体验，因此，聚类结果与假设检验结果的不一致。这进一步说明校羽毛球赛对教职工参与其他体育健身项目没有影响这一结论不稳定，鲁棒性弱。

第六节 研究结论

由麦氏检验的结果（见表3-3）可知，基层组织群众性体育赛事对民众参与全民健身的激励效应显著。通过基层单位工会、基层文化体育组织、居民委员会和村民委员会等，广泛开展群众性体育赛事，充分体现了新时代多层次主体共同参与全民健身公共服务体系的"中国特色"。因此，举办基层组织群众性体育赛事激励民众积极参与全民健身的策略是以"中国特色"为基础的"中国智慧"。

由卡方百分比同质性检验的结果（见表3-5）可知，不同性别、不同年龄、不同开始健身时间的民众对基层组织群众性体育赛事激励效应的敏感性一致。换句话说，通过基层组织群众性体育赛事这一外部软环境激励民众参与全民健身对谁都有效，何时都不晚。而中小学阶段运动偏好不同的群体对基层组织群众性体育赛事激励效应的敏感性是不一致的，中小学阶段运动偏好越强，受激励效应的影响越强。

综合麦氏检验的结果（见表3-3）与针对Q16选项变量的R型聚类分析结果（见表3-7）可知，基层组织群众性体育赛事短时间内不会影响民众参与其他体育健身项目的积极性，但这一结果的鲁棒性较弱，也就是说，从长期视角来看，基层组织群众性体育赛事将会影响民众参与其他体育健身项目的积极性。

由针对Q15、Q16选项变量的R型聚类分析结果（见表3-6和表3-7）可知，基层组织群众性体育赛事对具有健身偏好的民众持续参与全民健身具有积极影响；社交动机是基层组织群众性体育赛事激励民众参与全民健身的最重要主观影响因素；取得好成绩、实现自身价值这种参与竞技体育赛事的固有属性在基层组织群众性体育赛事中转变为次要属性；基层组织群众性体育赛事有助于民众尝试全新的体育项目（因此，基层组织群众性体育赛事可以成为推广新兴体育项目的重要手段）。

第四章　体育场馆消费券的全民健身激励效应

第一节　相关概念的界定与实践

一、消费券

消费券最早出现在英美等国家,是政府在教育、文化等领域为了实现普惠目标而设计的政策性补贴措施。① 我国大规模使用消费券主要有两次:一次是2008年,美国次贷危机引起全球金融危机,为解决由于全球金融危机而带来的消费疲软问题,很多城市开始推行使用消费券;另一次是在新冠疫情期间,为了提振地方经济、拉动消费,很多城市也启用了消费券。消费券能否发挥其应有的功效,与很多因素有关,如面额设计、发放范围、发放主体、发放时间、发放地域、发放对象、发放方式等。如何更好地发挥消费券的多种功能,实现预期目标,相关理论研究与实践探索还在进行中。

二、体育场馆消费券

2016年6月,《全民健身计划(2016—2020年)》正式发布,并首次提出"体育健身消费券"。由于体育场馆存量大,且消费时所带来的变动成本较低,

---

① ［美］米尔顿·弗雷德曼,罗丝·弗里德曼. 自由选择:个人声明［M］. 胡骑,席学媛,安强,译. 北京:商务印书馆,1982:165-166.

场馆经营者的负担相对较小，因此，在实践中，体育场馆消费券是体育消费券中比例最大，使用范围最广的一种。本书以研究体育场馆消费券的激励效应来探讨体育消费券的激励效应。

三、相关实践

2019年，河北省开始在石家庄等城市试行体育消费补贴政策。[①] 2020年，在新冠疫情的影响下，附带提振地方经济的短期目标，全国各省市又开始了新一轮的体育消费券发放。浙江省绍兴市发放6轮共1 200万元的体育消费券；[②] 上海市发放约2 000万元体育消费券，促进全民健身，助力体育消费；北京市体育局依托相关平台推出"线上买""线上订""线上赛""线上学"等智能、便捷的体育消费项目，并可直接使用优惠券。[③] 在上述实践中，体育消费券的种类庞杂（包括体育服装与器材的消费券、体育培训的消费券、体育场馆消费券等），可观测的结果主要表现为拉动体育消费，激发体育市场活力，但对"经常参与体育锻炼人数"持续增加这一目标的帮助到底有多大，尚未见明确的结论。明确体育场馆消费券对激活体育市场与全民健身激励效应的异同，对"持续完善全民健身公共服务体系"具有重要的政策含义和实践价值，对政府职能部门实现精准施策、提升政府执政能力具有重要的理论与现实意义。

第二节 文献回顾与研究假设

一、消费券激励效应的文献回顾

受新冠疫情的影响，2020年以来，全国多地政府实施了通过发放消费券刺激经济的相关措施。虽然各地发放消费券的规模、行业、对象（以年龄、收入等属性区分）、方式（配发、认领、抢券等）、途径（各种平台）等各不相

[①] 陈华. 体育消费券如何"劝"火健身消费［N］. 河北日报，2020-04-13 (6).
[②] 金春华，徐贤飞，郑培庚. 体育消费热起来［N］. 浙江日报，2021-08-04 (5).
[③] 陆娟."双十一"你为体育消费了吗？［N］. 中国体育报，2020-11-10 (6). 李雪钦."互联网+体育"朝气蓬勃［N］. 人民日报（海外版），2021-08-23 (8).

同，但消费券短期内可以活跃交易、促进消费的积极作用是肯定的，特别是对第二、第三产业，扩大需求、保护企业和就业的效果显著。[①] 不过，疫情背景下消费券定向发放占多数，受惠及的行业（69%）包括餐饮（93%）、文化旅游（64%）、超市（55%）和百货（61%），[②] 且目标也非常明确，就是短期内扩大消费、活跃市场、提振经济。这与体育场馆消费券作为全民健身的一种激励措施所要实现的目标（即"经常参与体育锻炼人数"持续增加）并不是十分吻合。因此，用前者的效用验证后者的效应，并不恰当。

教育、文化消费券与体育场馆消费券在属性上颇为类似，长期目标上也是趋同的。美国经济学家米尔顿·弗雷德曼（Milton Friedman，1955）提出了"教育券"（vouch）概念，即以公平、普惠的原则将"教育券"发放到学生所在家庭，学生凭借"教育券"全部或者部分冲抵学费。英国人艾伦·皮考克（Alan Peacock，1969）提出了"消费券方案"（Consumption Coupons Plan）。苏格兰艺术委员会（Creative Scotland）在20世纪80年代据此推出了"青年苏格兰卡"（Young Scots Card），向苏格兰境内所有16~25岁的公民发放。每位领卡者只需缴纳每年5英镑的费用（后来申请这种卡已经无需费用，且申请者的年龄也调整为11~26岁），就可以从那些与苏格兰艺术委员会合作的艺术机构获得折扣。就供需角色转换以及提升供给效率而言，"教育券"与"青年苏格兰卡"在将政府补贴的对象从供给侧转向需求侧、通过引入市场竞争机制促进供给侧效率提升方面，具有异曲同工之妙，但从二者的设计初衷来看，可持续地提升教育、文化需求这一目标的实现程度尚未见明确结论。

二、体育场馆消费券激励效应的经济学分析

从市场均衡来讲，依据微观经济学的需求供给分析及供需均衡理论，体育场馆消费券对消费者具有增加收入的效应，可以使需求曲线 D 向右平移至 D_1（见图4-1）。对体育场馆而言，随着使用消费券客户的到来，体育场馆的"空置率"（在此，体育场馆"空置率"是前提条件，没有"空置率"，消费

[①] 林毅夫. 政府与市场的关系 [J]. 中国高校社会科学, 2014 (1): 19-21. 林毅夫, 沈艳, 孙昂. 中国政府消费券政策的经济效应 [J]. 经济研究, 2020 (7): 4-20. 北京大学国家发展研究院课题组. 我国消费券发放的现状、效果和展望研究 [J]. 中国经济报告, 2020 (4): 21-33.

[②] 林毅夫. 政府与市场的关系 [J]. 中国高校社会科学, 2014 (1): 19-21.

券会影响市场配置资源，与"有为政府"相悖）得以降低。在总成本基本不变的情况下，供给增加，边际成本降低，平均成本降低，因此，体育场馆的供给曲线 S 向右平移至 S_1。如果之前是完全竞争市场，消费券只要派发公平就不会影响市场结构，供给者、消费者仍为价格的接受者。因此，在新的均衡点，均衡价格 P_0 不变，需求量、供给量由 Q_0 增加至 Q_1，消费者剩余由 E 增加至 $E+G$，生产者剩余由 F 增加至 $F+H$，社会福利扩大至 $E+F+G+H$，此即为体育场馆消费券这一公共政策对完全竞争市场刺激的结果。但这仅仅是一个短期的市场均衡，如果短期内体育场馆消费券取消，其他经济条件不变，从理论上讲，这个新的供需关系将回到原来的供需均衡水平。若想在取消体育场馆消费券的情况下仍能保持取消前的消费水平，根据需求的影响因素，需要提升另外一个非价格因素——体育健身偏好（虽然短期内全民健身的宣传也会影响全民健身的需求，但长期需求的扩大最终还是要靠更多消费者体育健身偏好的提升），即提升客户参与体育健身的频次。如果体育场馆消费券能够提升客户参与全民健身的频次，则可将受体育场馆消费券激励的偶尔参与全民健身的客户转化为经常参与全民健身的客户。

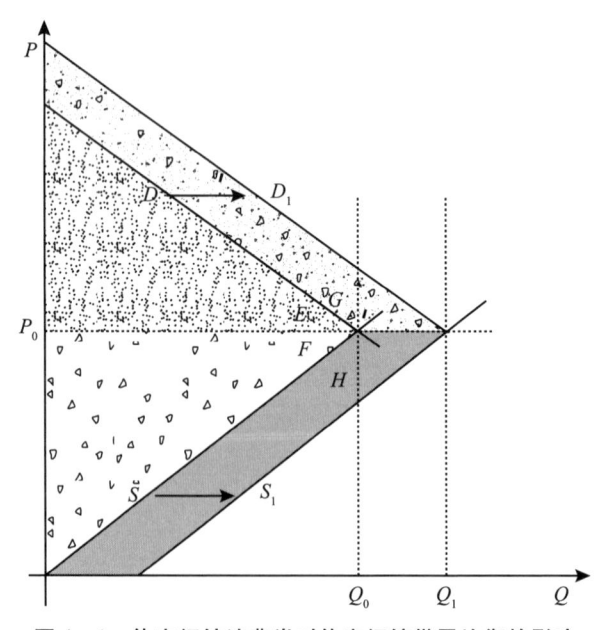

图 4-1 体育场馆消费券对体育场馆供需均衡的影响

三、体育场馆消费券的全民健身激励效应研究假设

从行为偏好与选择来讲，激励机理认为人的行为包括激励变量、机体变量和反应变量，激励路径是由激励变量到机体变量再到反应变量。在此，体育场馆消费券是环境的改变与刺激，是激励变量；经常参与全民健身是人行为的改变，是反应变量；人民对美好生活的需要是动机，是中间变量，既包括对丰富多彩生活的需要，也包括对健康体魄的需要。这里的中间变量是一个常量，激励路径即演变为从激励变量直接到反应变量。基于此，并结合上述市场均衡中关于消费券与体育健身偏好的分析，可提出以下研究假设。

假设 4-1：体育场馆消费券能够促进参与全民健身人次的增长；

假设 4-2：体育场馆消费券能够促进参与全民健身人数的增长；

假设 4-3：体育场馆消费券能够促进偶尔参与全民健身人数的增长；

假设 4-4：体育场馆消费券能够促进经常参与全民健身人数的增长。

与此同时，虽然体育场馆都强调多功能、多用途性，但是，体育场馆消费券通常一次只能适用于单一体育项目，而非适用所有体育项目。因此，体育场馆消费券对于其他方式健身偏好水平不同的客户激励效应是否相同，是否有助于实现"各运动项目参与人数持续提升"的目标，是否影响在完全竞争市场环境中不同体育项目之间的竞争关系，也将成为检验体育场馆消费券全民健身激励效应的重要内容。因此，提出以下研究假设。

假设 4-5：受体育场馆消费券激励的新增参与全民健身的客户群中，具有其他方式健身的偏好与形成消费券所对应体育项目的偏好是相互独立的。

第三节　样本分类与数据来源

从研究的科学性、精确性来讲，使用体育产业的数据来研究体育场馆消费券对全民健身的激励效应最为合适。但由于体育产业的相关数据尚不完善，从整个行业范围探究消费者在使用体育场馆消费券前后参与全民健身行为的差异是非常困难的。故而，可以从行业范围缩小到单个体育场馆，这样更容易锁定目标客户群，更容易获得消费者参与全民健身行为特征的数据，研究方法也更为多元。同时，只要单个体育场馆具有典型性、代表性，也可较为全面地反映

体育场馆消费券对全民健身的激励效应。

根据 2019 年全国体育场地统计调查数据，全国体育场地总计 354.44 万个，体育场地面积总计 29.17 亿平方米。其中，事业单位所属体育场地面积总计 13.46 亿平方米，占比为 46.14%。游泳馆共计 2.79 万个，场地面积共计 0.58 亿平方米。游泳馆一次投资成本大，运营维护成本高，所以游泳馆总量与面积在全部体育场地中所占比重较小。不过，根据《全民健身活动状况调查研究报告》，游泳项目在我国民众参与全民健身的体育项目中位列前 10，[①] 非常受欢迎。所以，游泳馆在众多种类的体育场馆中具有一定的代表性。此外，根据 2014 年《第六次全国体育场地普查数据公报》，教育系统体育场地面积占比为 53.01%，比照 2019 年事业单位所属体育场地面积的比重，可知高校游泳馆在游泳馆中也具有一定的代表性。因此，以高校游泳馆消费券为例研究体育场馆消费券对全民健身的激励效应具有一定典型性，相关研究结果也具有较广泛的适用性。

一、参与游泳健身客户群的样本分类与数据分析

为了更好地促进广大教职工积极参与体育锻炼，H 高校工会于 2014 年 11 月开始实施一项具有普惠性质的激励政策，即 H 高校工会会员每周可以在 H 高校游泳馆凭校园一卡通免费游泳健身一次。就需求端的广大教职工而言，这项优惠政策与体育场馆消费券具有相同的效用。

通过对游泳馆后台相关数据的分析，并结合对 H 高校教职工参与游泳健身客户群的走访调研，H 高校游泳馆接待的本校教职工客户群可以归纳为以下三种基本类型：(1) 偶尔进行游泳健身的客户，即散客客户群，标记为 A 类；(2) 购买了晨练次卡、月卡、季卡、半年卡、年卡等不同形式会员卡的客户，称为会员卡客户群，标记为 B 类；(3) 享受优惠政策进行游泳健身的客户，称为工会卡客户群，标记为 C 类。在此基础上，还会衍生出 AB 类（既是散客客户，又是会员卡客户）、AC 类（既是散客客户，又是工会卡客户）、BC 类（既是会员卡客户，又是工会卡客户）、ABC 类（既是散客客户，又是会员卡客户，还是工会卡客户）4 种衍生客户群。本书以每个自然月份 H 高校游泳

---

① 武东明，江崇民. 我国居民体育锻炼项目研究 [A] 中国体育科学学会. 2015 第十届全国体育科学大会论文摘要汇编（一）[C]. 杭州：中国体育科学学会，2015.

馆接待全校教职工游泳的总人次、总人数以及具有不同游泳健身偏好特征的客户群人数为随机变量进行相关研究,样本信息始于2013年11月,止于2015年11月,详见表4-1。由于样本数据跨度周期为2年,对比数据的期限为1年,通常也是讨论相关优惠政策短期效应的最高期限,并且可以最大限度地消除季节更迭对游泳项目参与人数、人次的影响。此外,教职工到H高校游泳馆健身必须使用校园一卡通,而校园一卡通与工会卡绑定,保证教职工均可享受工会的优惠政策,进而也减少了消费券发放不公平等问题,同时教职工的游泳健身频次数据均会体现在后台数据库中。此外,样本数据观测时间避开了新冠疫情时段,消除了疫情常态化下可能产生的报复性消费的影响,相关优惠政策针对不同客户群的激励效应也更为准确。

表4-1　　　　　H高校游泳馆每月接待全校教职工情况　　　　单位:人

时间	A类	B类	C类	AB类	AC类	BC类	ABC类	教职工总人数	教职工总人次(人次)	A+AC+C总人数	B+AB+BC+ABC总人数
2013年11月	13	51	0	4	0	0	0	68	305	13	55
2013年12月	27	90	0	6	0	0	0	123	596	27	96
2014年1月	63	122	0	9	0	0	0	194	1 012	63	131
2014年2月	64	137	0	14	0	0	0	215	1 079	64	151
2014年3月	86	164	0	23	0	0	0	273	1 688	86	187
2014年4月	88	163	0	12	0	0	0	263	1 493	88	175
2014年5月	56	133	0	7	0	0	0	196	1 357	56	140
2014年6月	148	172	0	16	0	0	0	336	1 807	148	188
2014年7月	145	233	0	20	0	0	0	398	2 261	145	253
2014年8月	132	239	0	24	0	0	0	395	2 358	132	263

续表

时间	A类	B类	C类	AB类	AC类	BC类	ABC类	教职工总人数	教职工总人次（人次）	A+AC+C总人数	B+AB+BC+ABC总人数
2014年9月	68	203	0	13	0	0	0	284	1 896	68	216
2014年10月	29	182	0	8	0	0	0	219	1 783	29	190
2014年11月	35	135	62	7	3	53	3	298	2 023	100	198
2014年12月	38	91	140	6	8	73	5	361	2 153	186	175
2015年1月	42	63	130	1	24	82	5	347	1 669	196	151
2015年2月	35	117	0	4	0	0	0	156	1 063	35	121
2015年3月	37	99	145	6	6	59	3	355	2 130	188	167
2015年4月	43	99	158	5	9	63	4	381	2 087	210	171
2015年5月	35	112	144	6	10	71	4	382	2 139	189	193
2015年6月	80	121	149	15	20	82	5	472	2 429	249	223
2015年7月	161	156	135	19	36	110	10	627	3 009	332	295
2015年8月	122	161	116	16	29	114	10	568	2 681	267	301
2015年9月	37	124	152	5	9	85	1	413	2 187	198	215
2015年10月	21	78	161	3	7	67	3	340	1 609	189	151

资料来源：H高校信息与网络建设管理中心。

在此，设定每周至少进行2次游泳健身可以认定具有游泳健身偏好,[1] 属

---

[1] 虽然《全民健身计划（2011—2015年）》对经常参与体育锻炼人群的定义为每周参加体育锻炼活动不少于3次，但为了使本书中具有不同游泳健身偏好客户群的分类标准保持一致，也为使单项健身偏好分类标准更为宽松，故作此处理。

于经常参与游泳健身的客户,其余属于偶尔参与游泳健身的客户。由此,B类客户群属于经常参与游泳健身的客户群(根据各种会员卡的消费模式,会员卡客户群的客户每周至少可以参与游泳健身2次),A类客户群属于偶尔参与游泳健身的客户群(因为散客游泳费用更高,如果每周至少进行2次游泳健身,却不购买会员卡,属于非理性决策)。

表4-1是在相关优惠政策的作用下市场均衡的结果,能够准确反映优惠政策对市场的刺激效果。依据表4-1中的数据,比较H高校工会实施相关优惠政策前后参与游泳健身教职工总人次、总人数的总体均值,验证相关优惠政策的激励效应,即对假设4-1和假设4-2进行验证。如果有效,进一步验证偶尔参与游泳健身客户群(即没有游泳健身偏好客户群)人数总体均值是否发生显著性变化,以及经常参与游泳健身客户群(即具有游泳健身偏好客户群)人数总体均值是否发生显著性变化,即对研究假设4-3和假设4-4进行验证。由此,比较H高校工会实施相关优惠政策前A类客户群人数总体与实施相关优惠政策后A类+C类+(AC类)客户群人数总体的均值是否有显著性差异,也就是偶尔参与游泳健身的客户群人数是否有显著性变化。这里,C类客户群虽然每周都有一次免费健身的机会,即使每周都享受了相关优惠政策,每周仅一次的游泳健身频次仍具有偶尔参与游泳健身客户群的特征。AC类客户群之所以加括号,是由于该类客户群的属性具有很强的不确定性,如果不能保证每周均享受一次工会卡,则可以视为具有偶尔参与游泳健身客户群的属性;如果每周均享受一次工会卡,并且每周还以散客的身份进行1次游泳健身,则AC类客户群也可被认定为经常参与游泳健身的客户群(因为"只有2次"与"至少2次"是有重合区间的,尽管概率比较小。这也是AC类客户群属性不确定性强的重要原因)。因此,将实施相关优惠政策前的A类客户群人数总体均值与实施相关优惠政策后的A类+C类客户群人数总体均值、A类+C类+AC类客户群人数总体均值分别进行比较,验证实施相关优惠政策前后偶尔参与游泳健身的客户群人数是否有显著性变化,并分析有无AC类客户群对比较结果鲁棒性的影响。

同时,还需要比较实施相关优惠政策前B类+AB类客户群人数总体均值与实施相关优惠政策后B类+AB类+BC类+ABC类+(AC类)客户群人数总体均值是否有显著性差异,验证实施相关优惠政策前后经常参与游泳健身的客户群人数是否有显著性变化。这里,实施相关优惠政策后BC类、ABC类客户群都具有很明显的经常参与游泳健身的特征,可将B类+AB类+BC类+

ABC 类客户群视为具有经常参与游泳健身属性的客户群总体。由于 AC 类客户群属性的不稳定性，在此还要补充对 B 类 + AB 类 + BC 类 + ABC 类 + AC 类客户群人数总体均值的比较。

此外，还应比较实施相关优惠政策前后 A 类客户群、B 类 + AB 类客户群人数总体均值是否有显著性变化，以验证相关优惠政策对 A 类、B 类、AB 类客户群的影响。

二、参与其他方式健身客户群的样本分类与数据分析

相关优惠政策作为全民健身激励机制的有机组成部分，其核心目标是实现"参与全民健身人数持续增加"。因此，检验新增经常参与游泳健身客户群中，具有其他方式健身偏好与形成游泳健身偏好的相关性（也就是其他方式健身偏好是否为新增经常参与游泳健身客户群的重要影响因素，新增经常参与游泳健身客户群是更多源于没有其他方式健身偏好的客户群，还是更多源于具有其他方式健身偏好的客户群），即检验相关优惠政策能否增加教职工参与全民健身的基数显得尤为重要。参与游泳健身客户群的样本与数据，也就是校园一卡通数据库中所体现的市场均衡结果的数据，能够较为全面地反映教职工参与游泳健身的行为特征与偏好，但不能反映教职工参与其他方式健身的行为特征与偏好。为了弥补这一不足，从行为偏好与选择的视角，以问卷调查辅助分析相关优惠政策影响下教职工的不同体育健身偏好及其相关性，并对消费券相关激励效应给予进一步的解释。借助问卷星编制《H 高校教职工享受校工会免费游泳健身政策情况的调查问卷》，并通过微信平台发布。调查周期为一个月，共收回答卷 252 份，剔除无效答卷 16 份，有效答卷共计 236 份（当期 H 高校工会会员共 3 239 人，占 7.29%），其中，表示了解 H 高校工会实施相关优惠政策的共计 184 份，占比为 77.97%，大于 75.00%；表示享受过相关优惠政策的共计 125 份，占比为 52.97%，大于 50.00%。因此该调查问卷的结果对于验证 H 高校工会实施相关优惠政策以激励全校教职工积极参与游泳健身的有关情况具有有效性。

根据问卷调查结果，依据 Q15（免费游泳健身政策是如何影响您进行游泳健身的）的各相关选项，可将客户群分为两大类，即新增参与游泳健身的

客户群①和保持原有游泳健身行为的客户群。② 依据 Q10（现阶段您进行游泳健身的频次）的各相关选项也可将客户群分为两大类，即偶尔参与游泳健身的客户群（1. 极少；2. 每月至少 1 次；3. 每周至少 1 次）、经常参与游泳健身的客户群（4. 每周至少 2 次；5. 每周至少 3 次）。依据 Q11（现阶段您进行其他方式健身的频次）的各相关选项，同样可将客户群分为两大类，即偶尔参与其他方式健身的客户群（1. 极少；2. 每月至少 1 次；3. 每周至少 1 次）、经常参与其他方式健身的客户群（4. 每周至少 2 次；5. 每周至少 3 次）。

将 Q15 与 Q10 进行交叉分析，可得表 4-2。

表 4-2　　　　　　　　Q15 与 Q10 交叉分析结果　　　　　　　单位：人

客户群	偶尔参与游泳健身的客户群	经常参与游泳健身客户群	小计
新增参与游泳健身的客户群	143	21	164
保持原有游泳健身行为的客户群	59	13	72
小计	202	34	236

将 Q15 和 Q10 交叉分析的结果再与 Q11 进行交叉分析，可得表 4-3。

表 4-3　　　　Q15 与 Q10 交叉分析再与 Q11 交叉分析的结果
（新增参与游泳健身客户群部分）　　　　　　　单位：人

客户群	其他方式健身（偶尔）	其他方式健身（经常）	小计
新增参与游泳健身的客户群（偶尔）	102	41	143
新增参与游泳健身的客户群（经常）	8	13	21
小计	110	54	164

---

① 1. 现在开始学习游泳；2. 有过游泳健身的经历，现在重新开始游泳健身；3. 一直坚持游泳健身，频次增加了。
② 4. 一直坚持游泳健身，费用降低了；5. 没影响。其中包括两类客户群：一是有游泳健身偏好的客户群，且相关优惠政策没有产生影响；二是无游泳健身偏好的客户群，且相关优惠政策没有产生影响。

在此基础上，根据表 4-3 中交叉分析的结果，检验纵横两个维度变量的相关性，即可验证研究假设 4-5。

第四节　研究方法与结果

一、参与游泳健身客户群的研究方法与结果

比较实施相关优惠政策前后 H 高校游泳馆每个自然月份接待参与游泳健身的各类客户群的总体均值可知，无论是教职工总人次、总人数的总体均值，还是各类客户群人数的总体均值，各类客户群样本在实施相关优惠政策前后均具有相关性，符合相依样本的特征。适宜运用相依样本的 t 检验（配对组法）比较各群体在实施相关优惠政策前后总体均值的差异性。[①] 利用 SPSS 25.0 软件对相关统计量的计算结果见表 4-4。其中，正态性检验运用单样本 K-S 法，相关性运用皮尔逊相关性分析，全部满足相依样本配对 t 检验的相关要求。

表 4-4　实施相关优惠政策前后各类客户群总体均值配对 t 检验统计量

统计量		平均值	t	自由度	Sig.（双尾）
总人次配对	优惠政策实施后 - 优惠政策实施前	628.667	3.923	11	0.002
总人数配对	优惠政策实施后 - 优惠政策实施前	144.667	6.165	11	0.000
偶尔参与游泳健身客户群配对（A 对 A + AC + C）	优惠政策实施后 - 优惠政策实施前	118.333	7.574	11	0.000
偶尔参与游泳健身客户群配对（A 对 A + C）	优惠政策实施后 - 优惠政策实施前	104.917	7.440	11	0.000
经常参与游泳健身客户群配对（B + AB 对 B + AB + BC + ABC）	优惠政策实施后 - 优惠政策实施前	26.333	1.781	11	0.102

---

① 吴明隆，涂金堂. SPSS 与统计应用分析 [M]. 大连：东北财经出版社，2012：206. 马斌荣. SPSS for Windows Ver. 11.5 在医学统计中的应用（第三版）[M]. 北京：科学出版社，2005：128.

续表

统计量		平均值	t	自由度	Sig.（双尾）
经常参与游泳健身客户群配对（B + AB 对 B + AB + BC + ABC + AC）	优惠政策实施后 − 优惠政策实施前	39.750	2.568	11	0.026
A 类客户群配对	优惠政策实施后 − 优惠政策实施前	−19.417	−2.458	11	0.032
B 类 + AB 类客户群配对	优惠政策实施后 − 优惠政策实施前	−49.667	−3.228	11	0.008

注：$p_0 = 0.05$。

从表 4 − 4 的结果可以看出，在实施相关优惠政策后，H 高校游泳馆每月接待游泳健身的教职工总人次总体均值显著增加（$p = 0.002$，小于 p_0，差项均值 = 628.667，大于 0），教职工总人数总体均值也有显著增加（$p = 0.000$，小于 p_0，差项均值 = 144.667，大于 0）。因此，假设 4 − 1 和假设 4 − 2 成立，即相关优惠政策对于激励广大教职工积极参与游泳健身具有显著的激励效应，表明该优惠政策的有效性。

实施相关优惠政策后偶尔参与游泳健身客户群人数总体均值（实施优惠政策前的 A 类与实施优惠政策后的 A 类 + C 类 + AC 类比较）有显著性增加（$p = 0.000$，小于 p_0，差项均值 = 118.333，大于 0），说明该优惠政策对偶尔参与游泳健身客户群的激励效应显著。此外，如果将 AC 类客户群去除，实施相关优惠政策后偶尔参与游泳客户群人数总体均值（实施优惠政策前的 A 类与实施优惠政策后的 A 类 + C 类比较）也有显著性增加（$p = 0.000$，小于 p_0，差项均值 = 104.917，大于 0），说明有无 AC 类客户群，相关优惠政策对偶尔参与游泳健身的客户群激励效应显著的结论均无影响，即假设 4 − 3 成立。相关优惠政策对偶尔参与游泳的健身客户群的激励效应显著，且鲁棒性强。

实施相关优惠政策后经常参与游泳健身客户群人数总体均值（实施优惠政策前的 B 类 + AB 类客户群与实施优惠政策后的 B 类 + AB 类 + BC 类 + ABC 类客户群比较）没有显著性差异（$p = 0.102$，大于 p_0），说明该优惠政策对经常参与游泳健身客户群的激励效应不显著。不过，如果将 AC 类客户群认定为实施优惠政策后经常参与游泳健身的客户群，则实施相关优惠政策后经常参与游泳健身的客户群人数总体均值（实施优惠政策前的 B 类 + AB 类客户群与实施优惠政策后的 B 类 + AB 类 + BC 类 + ABC 类 + AC 类客户群比较）有显著性增加（$p=0.026$，小于 p_0，差项均值 = 39.750，大于 0），即相关优惠政策对于经常参与游泳健身的客户群的激励效应显著。在此，相关优惠政策对于经常参与游泳健身客户群的激励效应是否显著，AC 类客户群起到了胜负手的作用。但 AC 类客户群的属性本身就具有很强的不确定性，所以研究结果可以说明研究假设 4-4 成立，即相关优惠政策对于经常参与游泳健身的客户群的激励效应具有一定的显著性，但鲁棒性弱。

实施相关优惠政策前后，A 类客户群人数总体均值有显著性减少（$p=0.032$，小于 p_0，差项均值 = -19.417，小于 0），B 类 + AB 类客户群人数总体均值也有显著性减少（$p=0.008$，小于 p_0，差项均值 = -49.667，小于 0），说明相关优惠政策对这两类既有客户群已经产生了潜移默化的影响，相关优惠政策的效应已经充分展现。

二、参与其他方式健身客户群的研究方法与结果

表 4-2 反映的是同一样本（受访教职工）有两个反应变量，一个是相关优惠政策影响下游泳健身行为的改变，反应水平为有变化和没变化；另一个是游泳健身偏好，反应水平为偶尔参与、经常参与。两个变量构成一个 2×2 列联表。可使用独立样本的卡方检验，[①] 揭示受访教职工在相关优惠政策影响下游泳健身行为的变化与游泳健身偏好两个反应变量之间是否相互独立。卡方检验结果见表 4-5。

表 4-5　游泳健身行为的改变与游泳健身偏好的卡方检验统计量

统计量	值	自由度	渐进显著性（双侧）
皮尔逊卡方	1.119[a]	1	0.290
有效个案数（个）	236	—	—

注：a. 0 个单元格（0.0%）的期望计数小于 5，最小期望计数为 10.37。
$p_0=0.05$。

[①] 吴明隆，涂金堂. SPSS 与统计应用分析 [M]. 大连：东北财经出版社，2012：206. 马斌荣. SPSS for Windows Ver.11.5 在医学统计中的应用（第三版）[M]. 北京：科学出版社，2005：128.

由表 4-5 可得，$p=0.290$，大于 p_0，表明教职工在相关优惠政策影响下参与游泳健身行为的改变与游泳健身偏好两个变量相互独立。由此可知，教职工能否成为经常参与游泳健身的客户（即能否形成游泳健身偏好）与其属于新增参与游泳健身的客户还是属于保持原有游泳健身行为的客户无关。基于此，研究样本锁定新增参与游泳健身的客户群，并重点关注此类样本中不同的游泳健身偏好与不同的其他方式健身偏好之间的相关性。

表 4-3 反映的也是同一样本（受访的新增参与游泳健身教职工）有两个反应变量，一个是其他方式健身偏好，反应水平为偶尔参与、经常参与，另一个是游泳健身偏好，反应水平为偶尔参与、经常参与，由此构成了一个 2×2 列联表。同样可以使用独立样本的卡方检验，揭示在相关优惠政策影响下新增参与游泳健身的客户群中，游泳健身偏好与其他方式健身偏好两个反应变量之间是否相互独立。如果不相互独立，应进一步探讨两者关联的性质与关联程度，相关结果见表 4-6 和表 4-7。

表 4-6　　新增参与游泳客户群游泳健身偏好与其他方式健身偏好的卡方检验统计量

统计量	值	自由度	渐进显著性（双侧）
皮尔逊卡方	9.157[a]	1	0.002
有效个案数（个）	164	—	—

注：a 表示 0 个单元格（0.0%）的期望计数小于 5，最小期望计数为 6.91。
$p_0=0.05$。

表 4-7　　对称测量统计量

统计量		值	渐进显著性
名义到名义	列联系数	0.230	0.002
有效个案数（个）		164	—

注：$p_0=0.05$。

由表 4-6 可得，$p=0.002$，小于 p_0，游泳健身偏好与其他方式健身偏好有显著的相关关系存在。在此拒绝研究假设 4-5，即游泳健身偏好与其他方式健身偏好并非相互独立，两个变量之间的相关关系见表 4-7。

表4-7为列联相关系数及显著性检验结果,列联相关系数值等于0.230,$p=0.002$,小于p_0,具有显著性,即新增参与游泳健身的客户群中,游泳健身偏好与其他方式健身偏好两个变量呈弱相关性。根据表4-3中的数据,两个变量间的相关性为正,也就是游泳健身偏好与其他方式健身偏好具有较弱的正相关性。

综合表4-6、表4-7的计算结果可得,教职工在相关优惠政策影响下新增参与游泳健身的客户群中,游泳健身偏好与其他方式健身偏好两个变量之间虽然具有相关性,但相关性并不特别强。如果将偶尔参与其他方式健身与经常参与其他方式健身的界定范围稍做调整,即将每周至少参与1次其他方式健身的客户划到经常参与其他方式健身客户群中,这样经常参与其他方式健身客户群样本量增加,偶尔参与其他方式健身客户群样本量减少。此时,调整后的交叉分析结果如表4-8所示。

表4-8　Q15与Q10交叉分析再与调整后的Q11交叉分析的结果
（新增参与游泳健身客户群部分） 单位：人

客户群	其他方式健身（偶尔）	其他方式健身（经常）	小计
新增参与游泳健身的客户人数（偶尔）	73	70	143
新增参与游泳健身的客户人数（经常）	6	15	21
小计	79	85	164

同样使用独立样本的卡方检验,计算结果详见表4-9。

表4-9　新增参与游泳客户群游泳健身偏好与调整后参与其他方式健身偏好的卡方检验统计量

统计量	值	自由度	渐进显著性（双侧）
皮尔逊卡方	3.706[a]	1	0.054
有效个案数	164	—	—

注：a表示0个单元格（0.0%）的期望计数小于5,最小期望计数为10.37。
$p_0=0.05$。

由表 4-9 可知，$p = 0.054$，大于 p_0，不具有显著性，即新增参与游泳健身的客户群中，游泳健身偏好与其他方式健身偏好两个变量相互独立，也就是两者之间没有相互影响。

结合表 4-5 至表 4-9 的计算结果可得，新增参与游泳健身的客户群中，游泳健身偏好的形成受其他方式健身偏好的影响，但这种影响的鲁棒性不强。

第五节 相 关 讨 论

一、全民健身的影响因素

按照前述的介绍，体育场馆消费券的激励路径是由激励变量（体育场馆消费券）到机体变量（美好生活需要）再到反应变量（经常参与游泳健身）。按常理讲，有了体育场馆消费券这一激励变量，该激励路径应该是畅通的。但就研究假设的验证结果（体育场馆消费券能够促进经常参与全民健身人数的增长，但鲁棒性弱）而言，似乎不太给力（鲁棒性弱），且不给力的原因尚未揭示。根据问卷调查的相关结果，Q19［如果您不经常参加健身运动，主要原因是什么（可以多选）］似乎给出了答案（见表 4-10）。

表 4-10　Q19 如果您不经常参加健身运动，主要原因是？（可以多选）

选项	小计（频次）	比例（%）
没有健身运动的习惯	41	17.37
没有健身时间	70	29.66
缺少伙伴	39	16.53
缺少场地条件	72	30.51
缺少健身指导	38	16.10
不愿花这份钱	19	8.05
其他	18	7.63
经常参加健身运动	56	23.73
总计	236	100.00

依据该问题各选项的相关频次，对各个选项进行 R 型变量聚类，结果见表 4-11。

表 4-11　　　　　　　　　　R 型变量聚类分析结果

个案	7 个聚类	6 个聚类	5 个聚类	4 个聚类	3 个聚类	2 个聚类
没有健身运动的习惯	1	1	1	1	1	1
没有健身时间	2	2	2	2	2	2
缺少伙伴	3	3	3	1	1	1
缺少场地条件	4	4	2	2	2	2
缺少健身指导	5	3	3	1	1	1
不愿花这份钱	6	5	4	3	3	1
其他	6	5	4	3	3	1
经常参加健身运动	7	6	5	4	2	2

根据表 4-11 的结果，将上述选项分为两类时，"没有健身时间""缺少场地条件""经常参加健身运动"聚为一类，其他选项聚为一类。将上述选项分为 4 类时，"没有健身时间""缺少场地条件"仍在一类，表明这两个选项重要程度极为类似，影响水平占比也最高，是教职工不能参与全民健身的最重要影响因素。可见，体育场馆消费券虽然可以解决"缺少场地条件"的问题，却很难解决"没有健身时间"的问题，这也是体育场馆消费券对促进经常参与全民健身人数增长的激励效应鲁棒性较弱的主要原因。"缺少伙伴""缺少健身指导"是仅次于"没有健身时间""缺少场地条件"两个重要影响因素的次要影响因素。解决好这两个问题，对于实现"经常参加体育锻炼人数进一步增加"的目标仍具有重要的辅助调节作用。

二、体育场馆消费券对民众参与其他体育项目健身的相关影响

根据假设 4-5 的检验结果，受体育场馆消费券激励的新增参与全民健身的客户群中，如果具有其他方式健身偏好（即经常参与其他方式健身），则其形成消费券所对应体育项目偏好的可能性更大。按照这一逻辑，新增经常参与全民健身的客户群中有更多源于具有其他方式健身偏好的客户，源于没有其他方式健身偏好的客户相对较少，因此，体育场馆消费券对增加参与全民健身人

员基数的影响较弱，这也从另一个侧面揭示了体育场馆消费券全民健身激励效应不稳定性的原因。

由此可得，体育场馆消费券会导致不同体育项目爱好者的偏好迁移，进而成为不同体育项目之间竞争的影响因素，尽管这种影响可能不是特别强。换句话说，体育场馆消费券这一全民健身公共服务体系中的激励措施在实施的过程中，还有可能影响完全竞争市场中具有竞争关系的不同体育项目的均衡发展，这与《全民健身计划》的发展目标——"各运动项目参与人数持续提升"相悖，违背了体育场馆消费券的初衷，应着力避免。全民健身公共服务体系与市场机制不是相互独立的，是相互关联的，两者必须形成有效协同，才能更好地实现全民健身的目标，保障体育市场的健康发展。因此，在使用体育场馆消费券这样的政策工具时，一定要认清其对各市场主体会产生什么样的影响，如何结合市场发展趋势才能有效地利用相应影响。只有对这些问题给予有效回应，才能更好地、更充分地利用体育场馆消费券。

第六节 研究结论

对 H 高校游泳馆以及游泳馆消费券激励效应的研究结论如下。

（1）体育场馆消费券短期内能促进参与全民健身的总人次、总人数提升，对于促进偶尔参与全民健身人数增长的激励效应具有显著性，且鲁棒性强，即体育场馆消费券在短期内能够激活全民健身市场，提升全民健身热情。

（2）体育场馆消费券短期内对于促进经常参与全民健身人数增长的激励效应具有一定的显著性，但鲁棒性弱，即对"经常参与体育锻炼人数持续增加"这一全民健身核心目标短期内的显著支撑作用不稳定。

（3）受体育场馆消费券影响的新增参与全民健身的客户群中，具有其他方式的健身偏好与形成消费券所对应体育项目的偏好正相关，但相关性较弱。

第五章 全民健身休闲市场精准营销的激励效应

——以花样滑冰为例

第一节 相关概念的界定

一、健身休闲市场

2010年之前,我国体育健身休闲产业的发展大致分为三个阶段:1980~1991年的萌芽期,体育系统开始兴办产业;1992~2001年的培育期,体育作为一种健康投资的意识逐步被人们接受,休闲健身娱乐消费成为一种时尚;2002~2010年的成长期,各地群众体育活动日趋丰富,市场有适应不同人群需求的高、中、低档体育健身休闲场所和产品可供选择,广大群众参与体育健身休闲活动的热情进一步高涨。[①] 2012年11月,党的十八大提出,经济体制改革的核心问题是处理好政府和市场的关系,必须更加尊重市场规律,更好发挥政府作用,进一步明确了政府的主导作用,市场的主体地位,也为其他领域,包括体育领域的改革指明了方向。2014年10月,《国务院关于加快发展体育产业 促进体育消费的若干意见》,提出,充分发挥市场在资源配置中的决定性作用;加快形成有效竞争的市场格局,积极扩大体育产品和服务供给;推动体育产业成为经济转型升级的重要力量;不断满足人民群众日益增长的体育

[①] 苏义民. 我国体育健身产业发展现状与政策建议——关于加快我国体育健身休闲产业发展的思考 [J]. 西安体育学院学报, 2010 (6): 662-665.

需求。2017年10月，党的十九大提出，中国特色社会主义进入新时代，我国社会主要矛盾已经转化为人民日益增长的美好生活需要和不平衡不充分的发展之间的矛盾；我国经济已由高速增长阶段转向高质量发展阶段，正处在转变发展方式、优化经济结构、转换增长动力的攻关期，建设现代化经济体系是跨越关口的迫切要求和我国发展的战略目标。以高质量发展方式更好地满足人民日益增长的美好生活需要，成为这一阶段的主要任务。2019年9月，《国务院办公厅关于促进全民健身和体育消费 推动体育产业高质量发展的意见》出台，强调"推动体育产业成为国民经济支柱性产业""积极实施全民健身行动，让经常参加体育锻炼成为一种生活方式"。在此过程中，市场机制发挥着越来越重要的作用，体育产业扮演着越来越重要的角色，并与全民健身建立了更为紧密的联系。由此，本书提出，以体育活动为载体，为满足消费者强身健体、休闲娱乐等需求而形成的供需市场，称为健身休闲市场。

二、花样滑冰项目

花样滑冰项目发展历史悠久，17世纪末开始在欧美兴起。[①] 1897年，国际滑冰联合会（International Skating Union，ISU）正式发布花样滑冰项目的竞赛规则，为花样滑冰的快速发展奠定了重要基础。[②] 1908年在英国伦敦举办的第四届夏季奥运会上，花样滑冰项目曾被列为比赛项目；1924年，在法国夏蒙尼举办的首届冬奥会上，花样滑冰被列为正式比赛项目。

中国花样滑冰代表队在花样滑冰国际赛场的傲人战绩，为花样滑冰项目在中国的普及与推广发挥了巨大作用。由于花样滑冰项目的观赏性、参与性强，越来越多的民众开始尝试花样滑冰运动，并以花样滑冰项目参与全民健身。

健身需求迅猛发展，群众需求的层次、类型较以往有很大不同，尤其是个性化的健身需求日益增多，并越来越追求科学化、品质化。依据《冰雪运动发展规划（2016 – 2025年）》，促进冰雪体育产业发展主要包括健身休闲业、竞赛表演业、装备制造业。由于花样滑冰的竞赛表演市场首先要依托健身休闲市

[①] 马兴明. 国际滑冰联合会发展史（1865 – 1992）：（一）国际滑联成立前的历史背景1865年 – 1892年 [J]. 冰雪运动，1994（1）：66 – 68.

[②] 印文晟，蒋强，陈环. 花样滑冰规则的演变历程与发展趋势 [J]. 冰雪运动，2008（2）：11 – 13.

场，装备制造业也需要依托其他二次产业，因此，花样滑冰健身休闲市场应为花样滑冰项目产业化发展的主攻方向。这既是时代的要求，也是我国花样滑冰项目产业化发展的客观规律。所以，在此重点探究花样滑冰健身休闲市场的营销策略，并供其他冰雪项目借鉴。

第二节 文献回顾

一、大众冰雪体育及基于市场环境的冰雪体育营销

北京成功申办2022年冬奥会后，有关冰雪运动的文献不断涌现。杨艳红（2018）对2007~2016年的冰雪运动研究文献的统计分析表明，冰雪运动的研究内容主要为竞技体育，而冰雪运动的推广和大众化研究不足。程文广等（2016）提出，以需求为导向，构建政府、协会、社会、市场、企业等主体共同参与的多中心供给模式，以满足我国大众冰雪健身的需要。武传玺（2016）认为，以"互联网+"形式进行冰雪运动推广主要有网站与应用程序（Application，APP）两种途径，并提出构建冰雪运动网络发展平台、建立网络交流社区、加强政府引导与支持等策略；同时以"中国冰雪"应用程序为例（武传玺，2017）指出，各大门户网站的冰雪体育栏目素材大多雷同，内容同质化现象严重，存在应用程序社交内容简单、社交模式落后、在用户之间无法形成强大吸引力等不足。上述文献显示，冰雪运动市场推广的研究成果远远不能满足我国冰雪运动项目产业化发展的需要，虽然有学者谈到通过增加供给更好地满足需求，即通过产品或服务推动冰雪运动大众化，但忽略了需求市场的层次性，也就失去了针对性。有学者肯定了基于"互联网+"冰雪运动推广途径的特色优势，但同质化宣传仍是主流，宣传内容与形式等诸多方面仍有不足，特别是针对推广对象的研究尚属空白，完善的冰雪运动营销策略尚未形成。

二、精准营销的指导思想与方法

精准营销属市场营销研究范畴。国外学者在20世纪60年代就曾努力通过方法创新以合理成本提高营销预测的精确性（David K H and Raymond M，

1967），并就如何提高营销试验的准确性进行了尝试（Leonard L et al.，1978）。相关学者又进一步明确了精准营销的概念并指出，在客户资源稀缺与高度竞争的市场环境中，需要依托有关技术，管理、分析客户数据，并据此与有价值的客户进行互动，提升营销效率（Jeff Z and Gresh B，2004）。可见，通过精准营销进行推广不仅可以精准发现花样滑冰项目的适宜客户群，更可以降低推广成本与机会成本，提升花样滑冰健身休闲市场的推广效率与效益。菲利普·科特勒等（Philip Kotler et al.，2015）提出产业市场细分的依据为最终用户的要求、顾客规模、顾客的地理分布。英国政府为了控制其民众的肥胖问题，推出《健康体重、健康生活计划》，并编制《为生活而改变营销策略》报告。其中依据家长的生活行为与态度对2～10岁儿童的肥胖风险进行评估，并对受众细分（共6类），明确最需要帮助的受众群体，为这些受众提供产品和服务，通过地方政府、非政府组织、商业机构对他们施加影响，促进他们做出改变。本书借鉴上述理论与方法，研究我国花样滑冰健身休闲市场的激励策略。

第三节　花样滑冰健身休闲市场终端客户群分类

一、基于国家花样滑冰等级测试参测人员样本的分类

对花样滑冰健身休闲市场终端客户群进行细分，首先需要掌握终端客户群的数据。从2000年开始的国家花样滑冰等级测试，成为探寻我国花样滑冰健身休闲市场特征提供了新的渠道。2018版《国家花样滑冰等级测试大纲》在"前言"中即指出："等级测试的制定旨在普及花样滑冰运动，提高我国花样滑冰运动水平，培养更多的优秀花样滑冰后备人才。"美国花样滑冰协会等级测试的介绍也在开篇即明确提出，该测试既有竞技性，也有娱乐性，竞技运动员要通过不同级别等级测试以获得参加不同级别竞技赛事的资格，休闲娱乐的参测者可以通过不同级别等级测试不断挑战自身的能力。[1] 可见花样滑冰等级

---

[1] Tests [EB/OL]. [2018-10-01]. U. S. Figure Skating, http：//www.usfsa.org/clubs? id = 84107.

测试在中外各国的首要目标是相同的——普及花样滑冰运动。从我国花样滑冰健身休闲市场的实践来看，经常性参与花样滑冰项目的人群绝大部分都会参与国家花样滑冰等级测试。因此，等级测试，特别是低级别等级测试参测人员样本具有一定的典型性与代表性。查询中国花样滑冰协会网站公布的每年两次的国家花样滑冰等级测试结果数据（具体包括级别、人数、姓名、性别、所属单位、测试类别、测试注解、成绩等信息），借助相关变量可以进行市场细分。

参测人员的参测等级在一定程度上反映出该参测人员当时的需求层次，如训练强度、训练水平等。因此，可以依据不同等级测试参测人员的总量与比例关系确定不同层次客户群的规模与结构，以及每个层次客户群的具体需求。虽然中国花样滑冰协会网站公布的参测人员信息包括所属单位，但很多俱乐部是全国连锁性质的俱乐部，仅从所属单位很难确定一个运动员最终来自哪座城市、哪个地区，所以，通过所属单位变量分析参测人员在全国的地理分布情况，误差较大。中国花样滑冰协会为了推广花样滑冰项目，也为了方便全国各地的参测人员参加等级测试，每次测试都依据参测人员可以就近参加的原则，在全国范围内设置四个站点，各站参测人员信息可在一定程度上反映参测人员的地理分布情况，虽然也会有误差，但相对于根据所属单位信息进行分类，更具可行性与合理性。由于从 2016~2017 年度第二次等级测试开始，中国花样滑冰协会调整了等级测试大纲以及相关办法，步伐表演节目（后文简称步伐）与自由滑两项分别进行测试，这样多数参测人员都会在一站进行两项测试，故在此是以人次为统计单位，而不是人数。不过，人次统计结果同样能够体现参与等级测试人员总量的变化趋势。为了保持统计数据的一致性，数据采集主要统计了 2016~2019 年四次等级测试的相关数据。此外，由于 2018~2019 年度第一次等级测试对不同站点的测试等级进行了调整（哈尔滨站、无锡站只进行低级别测试），因此，在分析地区市场需求层次时不使用该次等级测试的统计数据。

二、基于花样滑冰邀请赛参赛选手样本的分类

在花样滑冰健身休闲市场缺少大数据的情况下，依据人文统计、消费心理和消费行为等参考变量对终端客户群特征进行描述较为恰当。[①] 2018 年 3 月，黑龙江省花样滑冰协会在哈尔滨举办了由某品牌赞助的首届全省花样滑冰邀请

---

① [美]迈尔斯. 市场细分与定位 [M]. 王祎，译. 北京：机械工业出版社，2005：49-59.

赛。虽然该赛事的最终参赛队伍全部来自哈尔滨市，但由于行业协会为主办单位，同时赛制设计更具大众性（赛事组别设置比较多，而且每个组别内又分若干小组，每小组最多三名参赛队员，保证每名参赛队员可取得前三名的成绩，并登上领奖台），鼓励花样滑冰爱好者积极参与。因此，哈尔滨市的花样滑冰培训机构大部分都选派了队员参赛。由此，参赛队员的总体能够基本反映哈尔滨市花样滑冰健身休闲市场终端客户群的特征。同时，哈尔滨市花样滑冰健身休闲市场在我国历史最为悠久，也最为成熟，故其终端客户群特征也更具代表性。

本次问卷调查的内容包括参赛运动员的性别、年龄、家长职业、学历、收入、消费动机与诱因、消费行为与习惯、赛事对参与花样滑冰运动的促进作用等（由于参赛队员均来自哈尔滨，故没有关于地理分布变量的问题），并且包含两个问卷有效性检验的问题（"您参赛子女或亲属的性别"与"您子女或亲属参加赛事的组别"）。

由于本次赛会的参赛队员普遍年龄较小，所以问卷调查的对象设定为小队员家长。为了提高问卷调查的效率与效果，方便问卷数据的后期处理，本次问卷调查借助了"问卷网"平台，问卷发起者通过参赛队员家长的微信群推送问卷的链接，家长通过微信群中的链接可直接回答问卷并提交，相关数据即时传到后台，问卷发起者可在线随时了解问卷反馈的情况，并进行统计分析。该问卷在赛前一天推送，在赛后三天终止问卷提交（赛事为期1天），共收到52份答卷（参赛队员共71名，样本占总体的73.24%，满足本次问卷调查样本量的要求），[①]均通过有效性检验，即所有提交的问卷全部有效（这与教练员参与动员有关），可代表参赛队员的总体。

第四节　市场细分的结果与分析

一、国家花样滑冰等级测试参测人员相关统计结果与分析

国家花样滑冰等级测试参测人员相关统计结果见表5-1和表5-2。

[①] 李怀祖. 管理研究方法论（第二版）[M]. 西安：西安交通大学出版社，2005：144-147.

表 5–1　　　　2016～2019 年四次国家花样滑冰等级测试
不同等级参与人次及通过情况统计

2016～2017 年度第二次花样滑冰等级测试			
级别	步伐	自由滑	成人
基础级	1 291	—	—
一级	314	831	12
二级	0	187	2
三级	1	15	1
四级	20	67	0
五级	72	45	1
六级	29	11	0
七级	29	14	—
八级	11	6	—
九级	12	10	—
十级	6	0	—
合计	1 785	1 186	16
总计	2 987		
成绩	人次（占总人次的百分比）		
通过	1 872（62.7）		
良好	109（3.6）		
优秀	21（0.7）		
未通过	919（30.8）		
弃权	66（2.2）		
总计	2 987（100.0）		
2017～2018 年度第一次花样滑冰等级测试			
级别	步伐	自由滑	成人
基础级	911	—	—
一级	678	647	9
二级	156	350	6
三级	16	159	0
四级	21	94	0
五级	80	73	0

续表

2017~2018年度第一次花样滑冰等级测试			
级别	步伐	自由滑	成人
六级	74	35	0
七级	44	18	—
八级	30	19	—
九级	19	7	—
十级	5	5	—
合计	2 034	1 407	15
总计		3 456	
成绩	人次（占总人次的百分比）		
通过	2 344（67.8）		
良好	22（0.6）		
优秀	2（0.1）		
未通过	1 011（29.3）		
弃权	77（2.2）		
总计	3 456（100.0）		
2017~2018年度第二次花样滑冰等级测试			
级别	步伐	自由滑	成人
基础级	1 220	—	—
一级	771	910	13
二级	450	479	5
三级	131	289	1
四级	53	204	1
五级	77	142	1
六级	119	69	0
七级	55	22	—
八级	64	32	—
九级	28	8	—
十级	13	2	—
合计	2 981	2 157	21
总计		5 159	

续表

成绩	人次（占总人次的百分比）
通过	3 130（60.6）
良好	55（1.1）
优秀	4（0.1）
未通过	1 861（36.1）
弃权	109（2.1）
总计	5 159（100.0）

2018~2019年度第一次花样滑冰等级测试			
级别	步伐	自由滑	成人
基础级	860	—	—
一级	819	721	18
二级	475	560	2
三级	292	286	11
四级	111	178	1
五级	79	173	3
六级	91	64	5
七级	51	32	—
八级	52	11	—
九级	30	3	—
十级	9	0	—
合计	2 869	2 028	40
总计		4 937	

成绩	人次（占总人次的百分比）
通过	2 928（59.3）
良好	19（0.4）
优秀	0（0.0）
未通过	1 851（37.5）
弃权	139（2.8）
总计	4 937（100.0）

资料来源：中国花样滑冰协会官网，截至2018年10月31日。网址：http://www.cfsa.com.cn/cfsa_portal/html/header.html。

从表 5-1 所列的四次等级测试的总人次来看，每次环比递增的比例分别为 15.7%，49.3% 和 -4.3%。根据 2018 版《国家花样滑冰等级测试大纲》相关规定，每个年度安排两次等级测试，首次参加等级测试的人员必须从一级开始（单人滑步伐表演节目必须从基础级开始）逐级进行测试，不允许越级测试。由此，每次等级测试新增人员的主力应为步伐测试中基础级参测人员（因为参加步伐基础级的参测人员大部分同时参加自由滑一级测试，或只参加步伐基础级测试），步伐与自由滑其他级别的增量主体应为上一次较低级别测试通过的人员。2017~2018 年度第二次等级测试步伐基础级参测人员占比为 40.9%（1 220 人次），2018~2019 年度第一次等级测试步伐基础级参测人员占比为 30%（860 人次），与 2016~2017 年度第二次等级测试基础级参测人员占比 72.3%（1 291 人次）形成反差，即随着参测人员总量的增加，步伐基础级参测人员只有保持一定的增长速度，才能维持参测人员总量的增长速度。否则，增速将下降，参测人员总量的增长趋势将放缓。2018~2019 年度第一次等级测试参测总人次已经出现了负增长，虽然可能受到站点测试级别调整的影响，但这种趋势若持续下去将会形成新的隐忧。此外，对于有着 14 亿人口基数的中国，一次花样滑冰等级测试的参测人员在 5 000 人次左右，不算是大数目。美国 2018 年前五个月，每个月参与花样滑冰等级测试的人次在 1 800~3 200 人次区间；[1] 加拿大专业教练员就达 5 600 人左右，[2] 由此可见，我国花样滑冰健身休闲市场开发空间巨大。

根据以上四次等级测试步伐参测者的累计比例可见（由于大部分参测人员，特别是低级别的参测人员均参加步伐与自由滑两项测试，如果将参加两项测试的人次进行累加，无形中会增加低级别人员的比重，降低数据的准确性，

---

[1] Tests Received 1/31/2018 [EB/OL]. [2018-07-15]. U. S. Figure Skating, http://www.usfsa.org/content/JAN%20Laurels%20Web.pdf. Tests Received 2/28/2018 [EB/OL]. [2018-07-15]. U. S. Figure Skating, http://www.usfsa.org/content/FEB%20Laurels%20Web.pdf. Tests Received 3/31/2018 [EB/OL]. [2018-07-15]. U. S. Figure Skating, http://www.usfsa.org/content/MAR%20Laurels%20Web.pdf. Tests Received 3/31/2018 [EB/OL]. [2018-07-15]. http://www.usfsa.org/content/MAY%20Laurels%20Web.pdf. Tests Received 4/30/2018 [EB/OL]. [2018-07-15]. U. S. Figure Skating, http://111.40.195.242/cache/www.usfsa.org/content/APR%20Laurels%20Web.pdf?ich_args2 = 602-26182506063317_47974010d8b81df9d73d6d06f43f05fc_10001002_9c89672ed1c3f1d6963a518939a83798_58565fe3593ca8f9afbe8e189ae9aa6b.

[2] At Skate Canada, Our Coaches are Focused on Making A Difference [EB/OL]. [2018-07-15]. Skate Canada, https://skatecanada.ca/skate-canada-coaches/.

故在分析市场结构时仅参考步伐参测人员的数据），基础级、一级、二级、三级①的累计比例分别为 90.0%，86.6%，86.3% 和 85.3%，均超过了 85%，并呈逐次下降趋势。

从参测人员的性别结构来看（见表 5-2），男女的比例约 1∶9，比例关系比较悬殊，说明了花样滑冰项目适宜人群的性别特征。成年参测者（年满 22 周岁首次参加测试者，只可参加成人等级测试项目）比例为 0.4% ~ 0.5%，非常低，几乎可以忽略不计。从站别来看，等级测试的站别地点既有传统东北地区的哈尔滨、沈阳；也有华北地区的北京、天津；甚至华东地区的济南、上海、青岛、宁波、无锡；华南地区的广州、深圳、海口；西南地区的成都、重庆。2016 ~ 2017 赛季第二次等级测试总体市场（按照总人次计算）东北地区与华东地区基本持平，初级市场（按照步伐参测人次计算）华东地区已领先东北地区；2017 ~ 2018 赛季第一次等级测试总体市场华北地区已经远远超过传统的东北地区，华南地区首次超过东北地区，初级市场华北、华南地区均超过东北地区，在中高级市场（按照步伐参测人次计算）华北地区首次超过东北地区；2017 ~ 2018 赛季第二次等级测试不仅华东地区总体市场、初级市场已经远远领先东北地区，就是西南地区总体市场、初级市场也均超过了东北地区，中高级市场华东地区已远远超过东北地区，西南地区也超过了东北地区。从各个站点的通过率来看，基本相当，看不出各站点通过率的显著差异。

表 5-2　　　　　　　　国家花样滑冰等级测试性别与站别统计

类别	2016 ~ 2017 赛季第二次花样滑冰等级测试			2017 ~ 2018 赛季第一次花样滑冰等级测试			2017 ~ 2018 赛季第二次花样滑冰等级测试			2018 ~ 2019 赛季第一次花样滑冰等级测试		
	变量	人次	比例（初级市场）[中高级市场]（%）	变量	人次	比例（初级市场）[中高级市场]（%）	变量	人次	比例（初级市场）[中高级市场]（%）	变量	人次	比例（初级市场）[中高级市场]（%）
性别	男	374	12.5	男	412	11.9	男	624	12.1	男	484	9.8
	女	2 613	87.5	女	3 044	88.1	女	4 535	87.9	女	4 453	90.2
	小计	2 987	100.0	小计	3 456	100.0	小计	5 159	100.0	小计	4 937	100.0

---

① 根据 2018 版《国家花样滑冰等级测试大纲》的相关规定，步伐表演节目四级相当于国际滑冰联合会基础组新秀 A 级（ISU Basic Novice A），因此，步伐基础级、一级、二级、三级参测人员均视为花样滑冰健身休闲初级市场终端客户群。

续表

类别	2016～2017赛季第二次花样滑冰等级测试			2017～2018赛季第一次花样滑冰等级测试			2017～2018赛季第二次花样滑冰等级测试			2018～2019赛季第一次花样滑冰等级测试		
	变量	人次	比例（初级市场）［中高级市场］（%）	变量	人次	比例（初级市场）［中高级市场］（%）	变量	人次	比例（初级市场）［中高级市场］（%）	变量	人次	比例（初级市场）［中高级市场］（%）
站别	沈阳	1 219	40.8（83.2）［16.8］	哈尔滨	706	20.4（80.3）［19.7］	沈阳	959	18.6（82.1）［17.9］	天津	823	16.7（—）［—］
	青岛	1 216	40.7（95.6）［4.4］	北京	1 481	42.9（88.9）［11.1］	济南	1 387	26.9（88.8）［11.2］	哈尔滨	1 036	21.0（—）［—］
	重庆	445	14.9（91.7）［8.3］	深圳	762	22.0（86.7）［13.3］	上海	1 263	24.5（88.2）［11.8］	重庆	608	12.3（—）［—］
	海口	107	3.6（93.3）［6.7］	宁波	507	14.7（89.7）［10.3］	成都	1 550	30.0（86.4）［13.6］	无锡	2 470	50.0（—）［—］
	小计	2 987	100.0（90.0）［10.0］	小计	3 456	100.0（86.6）［13.4］	小计	5 159	100.0（86.3）［13.7］	小计	4 937	100.0（85.3）［14.7］

资料来源：中国花样滑冰协会官网，截至2018年10月31日。网址：http://www.cfsa.com.cn/cfsa_portal/html/header.html。

二、花样滑冰邀请赛参赛选手问卷调查统计结果与分析

根据《首届黑龙江省花样滑冰邀请赛调查问卷》的统计结果，问卷中各问题的相关统计结果见表5-3至表5-23。Q4与Q5，Q6，Q10交叉分析结果分别见表5-24、表5-25和表5-26，Q8与Q9交叉分析结果见表5-27。

表5-3　　　　Q1：您参赛子女或亲属的性别［单选题］

选项	人数（人）	百分比（%）
男孩	17	32.69
女孩	35	67.31
总计	52	100.00

资料来源：笔者根据首届黑龙江省花样滑冰邀请赛调查问卷的统计结果编制。

表5-4　　　Q2：您参赛子女或亲属的年龄区间 [单选题]

选项	人数（人）	百分比（%）
5岁以下	8	15.38
5~6岁	11	21.15
7~10岁	24	46.15
11~13岁	6	11.55
14~16岁	3	5.77
总计	52	100.00

资料来源：笔者根据首届黑龙江省花样滑冰邀请赛调查问卷的统计结果编制。

表5-5　　　Q3：您子女或亲属获得赛事信息的途径 [多选题]

选项	人次	百分比（%）
教练传达	50	96.15
微信（群）	4	7.69
互联网信息	0	0.00
传统媒介（电视、电台、报纸等）	0	0.00
政府职能机构（体育局）或花样滑冰协会通知	1	1.92
学校或幼儿园通知	0	0.00
其他	0	0.00

资料来源：笔者根据首届黑龙江省花样滑冰邀请赛调查问卷的统计结果编制。

表5-6　　　Q4：您子女或亲属参与花样滑冰项目的时间 [单选题]

选项	人数（人）	百分比（%）
不到半年	7	13.46
超过半年	10	19.23
超过1年	12	23.08
超过1年半	4	7.69
超过2年	6	11.54
超过3年	13	25.00
总计	52	100.00

资料来源：笔者根据首届黑龙江省花样滑冰邀请赛调查问卷的统计结果编制。

第五章 全民健身休闲市场精准营销的激励效应

表 5-7　　　　Q5：子女或亲属自己参赛的初衷 [多选题]

选项	人次	百分比（%）
获得冠军	3	5.77
展示自己的学习成果	40	76.92
认识更多喜爱花样滑冰的小朋友	16	30.77
与其他小朋友切磋技艺	13	25.00
参加赛事凑热闹	3	5.77
完成家长、教练或俱乐部安排的任务	0	0.00
其他	0	0.00

资料来源：笔者根据首届黑龙江省花样滑冰邀请赛调查问卷的统计结果编制。

表 5-8　　　　Q6：带子女或亲属参赛，您的目的是什么 [多选题]

选项	人次	百分比（%）
取得尽可能好的成绩	9	17.31
检验一段时间以来的训练效果	21	40.38
比较自己孩子与其他同年龄段孩子的差异	10	19.23
让孩子更喜欢花样滑冰	27	51.92
丰富孩子的个人经历	40	76.92
完成教练布置的任务	1	1.92
让孩子有事做	1	1.92
其他	0	0.00

资料来源：笔者根据首届黑龙江省花样滑冰邀请赛调查问卷的统计结果编制。

表 5-9　　　　Q7：您子女或亲属参加赛事的组别 [单选题]

选项	人数（人）	百分比（%）
女子组	35	67.31
男子组	17	32.69
总计	52	100.00

资料来源：笔者根据首届黑龙江省花样滑冰邀请赛调查问卷的统计结果编制。

表 5-10　　　　Q8：您子女或亲属何时开始接触花样滑冰 [单选题]

选项	人数（人）	百分比（%）
学龄前	35	67.30
小学阶段	15	28.85

续表

选项	人数（人）	百分比（%）
初中阶段	2	3.85
高中阶段	0	0.00
大学阶段	0	0.00
参加工作以后	0	0.00
其他	0	0.00
总计	52	100.00

资料来源：笔者根据首届黑龙江省花样滑冰邀请赛调查问卷的统计结果编制。

表5-11 Q9：您子女或亲属最初参与花样滑冰项目的影响因素 [多选题]

选项	人数（人）	百分比（%）
家长喜欢	13	25.00
有同学或朋友参与	12	23.08
其他家长推荐	5	9.62
冰场或俱乐部有优惠活动	7	13.46
学校积极推荐	3	5.77
全民健身的宣传	10	19.23
冰雪项目的宣传	17	32.69
2022年冬奥会的影响	3	5.77
其他	7	13.46

资料来源：笔者根据首届黑龙江省花样滑冰邀请赛调查问卷的统计结果编制。

表5-12 Q10：现阶段您子女或亲属参与花样滑冰项目的频次 [单选题]

选项	人数（人）	百分比（%）
极少	1	1.92
每周至少1节课	2	3.85
每周至少2节课	5	9.62
每周至少3节课	5	9.62
每周至少4节课	6	11.54
每周至少5节课	8	15.38
每周至少6节课	5	9.62
每周至少7节课	20	38.45
总计	52	100.00

资料来源：笔者根据首届黑龙江省花样滑冰邀请赛调查问卷的统计结果编制。

表 5–13　　　Q11：您子女或亲属能够坚持长年参与
花样滑冰项目的原因 [多选题]

选项	人数（人）	百分比（%）
孩子喜欢	41	78.85
家长要求	9	17.31
因花样滑冰结交了自己的小伙伴	12	23.08
逃避学习	2	3.85
其他	5	9.62

资料来源：笔者根据首届黑龙江省花样滑冰邀请赛调查问卷的统计结果编制。

表 5–14　　　Q12：现阶段您子女或亲属规律性地参与
其他运动项目的频次 [单选题]

选项	人数（人）	百分比（%）
极少	23	44.23
每周至少 1 次	10	19.23
每周至少 2 次	8	15.38
每周至少 3 次	2	3.85
每周至少 4 次	4	7.69
每周至少 5 次	0	0.00
每周至少 6 次	0	0.00
每周至少 7 次	5	9.62
总计	52	100.00

资料来源：笔者根据首届黑龙江省花样滑冰邀请赛调查问卷的统计结果编制。

表 5–15　　Q13：您对子女或亲属参与花样滑冰项目未来的期许 [多选题]

选项	人数（人）	百分比（%）
成为奥运冠军或世界冠军	6	11.54
成为专业花样滑冰运动员	14	26.92
考学、择业道路上享受优惠政策	4	7.69
成为孩子的一个爱好或特长	33	63.46
锻炼身体、磨炼意志	28	53.85
美育的延伸	14	26.92
其他	0	0.00

资料来源：笔者根据首届黑龙江省花样滑冰邀请赛调查问卷的统计结果编制。

表 5-16　　Q14：现阶段您子女或亲属参与花样滑冰项目的主要陪伴人 [单选题]

选项	人数（人）	百分比（%）
父母	48	92.31
爷爷奶奶或姥姥姥爷	2	3.85
其他亲属	0	0.00
同学父母轮流相互帮助	1	1.92
雇用人员	0	0.00
其他	1	1.92
总计	52	100.00

资料来源：笔者根据首届黑龙江省花样滑冰邀请赛调查问卷的统计结果编制。

表 5-17　　Q15：孩子父母的职业 [多选题]

选项	人数（人）	百分比（%）
公务员	4	7.69
事业单位人员	12	23.08
外资企业	2	3.85
国有大型企业	6	11.54
中小型企业	3	5.77
自由职业	18	34.62
企业业主	6	11.54
其他	6	11.54

资料来源：笔者根据首届黑龙江省花样滑冰邀请赛调查问卷的统计结果编制。

表 5-18　　Q16：孩子父母的受教育程度 [多选题]

选项	人数（人）	百分比（%）
本科	38	73.08
硕士	5	9.62
博士	3	5.77
其他	6	11.54

资料来源：笔者根据首届黑龙江省花样滑冰邀请赛调查问卷的统计结果编制。

表 5-19　　　　Q17：孩子家庭人均月收入水平［单选题］

选项	人数（人）	百分比（%）
低于 2 000 元	2	3.85
2 000~3 999 元	8	15.38
4 000~5 999 元	12	23.08
6 000~7 999 元	10	19.23
8 000~10 000 元	11	21.15
10 000 元以上	9	17.31
总计	52	100.00

资料来源：笔者根据首届黑龙江省花样滑冰邀请赛调查问卷的统计结果编制。

表 5-20　　　　Q18：您认为参加该赛事能否激发孩子
参与花样滑冰项目的热情［单选题］

选项	人数（人）	百分比（%）
是	49	94.23
否	0	0.00
不好说	3	5.77
总计	52	100.00

资料来源：笔者根据首届黑龙江省花样滑冰邀请赛调查问卷的统计结果编制。

表 5-21　　　　Q19：孩子在赛前训练中是否表现出比
以往更高的训练积极性［单选题］

选项	人数（人）	百分比（%）
否	1	1.92
是	43	82.70
不好说	8	15.38
总计	52	100.00

资料来源：笔者根据首届黑龙江省花样滑冰邀请赛调查问卷的统计结果编制。

表 5-22　　　　Q20：根据赛前准备情况，孩子在日常生活中
是否经常提及此次赛事［单选题］

选项	人数（人）	百分比（%）
否	10	19.23
是	39	75.00
不好说	3	5.77
总计	52	100.00

资料来源：笔者根据首届黑龙江省花样滑冰邀请赛调查问卷的统计结果编制。

表 5-23　　　Q21：您是否有意愿让孩子参加更多类似赛事［单选题］

选项	人数（人）	百分比（%）
否	1	1.92
是	48	92.31
不好说	3	5.77
总计	52	100.00

资料来源：笔者根据首届黑龙江省花样滑冰邀请赛调查问卷的统计结果编制。

表 5-24　　　　　　　Q4 与 Q5（多选）交叉结果

Q4 与 Q5 的选项		Q5：获得冠军	Q5：展示自己的学习成果	Q5：认识更多喜爱花样滑冰的小朋友	Q5：与其他小朋友切磋技艺	Q5：参加赛事凑热闹	Q5：完成家长、教练或俱乐部安排的任务	Q5：其他	Q4 各选项总频次
Q4：不到半年	百分比	14.29	57.14	14.29	14.29	0.00	0.00	0.00	7
	频次	1	4	1	1	0	0	0	
Q4：超过半年	百分比	0.00	60.00	30.00	40.00	20.00	0.00	0.00	15
	频次	0	6	3	4	2	0	0	
Q4：超过1年	百分比	8.33	75.00	66.67	33.33	8.33	0.00	0.00	23
	频次	1	9	8	4	1	0	0	
Q4：超过1年半	百分比	0.00	100.00	25.00	25.00	0.00	0.00	0.00	6
	频次	0	4	1	1	0	0	0	
Q4：超过2年	百分比	0.00	100.00	0.00	16.67	0.00	0.00	0.00	7
	频次	0	6	0	1	0	0	0	

第五章　全民健身休闲市场精准营销的激励效应

续表

Q4与Q5的选项		Q5：获得冠军	Q5：展示自己的学习成果	Q5：认识更多喜爱花样滑冰的小朋友	Q5：与其他小朋友切磋技艺	Q5：参加赛事凑热闹	Q5：完成家长、教练或俱乐部安排的任务	Q5：其他	Q4各选项总频次
Q4：超过3年	百分比	7.69	84.62	23.08	15.38	0.00	0.00	0.00	17
	频次	1	11	3	2	0	0	0	
Q5各选项总频次		3	40	16	13	3	0	0	75

资料来源：笔者根据首届黑龙江省花样滑冰邀请赛调查问卷的统计结果编制。

表5-25　　　　　　　　Q4与Q6（多选）交叉结果

Q4与Q6的选项		Q6：其他	Q6：取得尽可能好的成绩	Q6：检验一段时间以来的训练效果	Q6：比较自己孩子与其他同年龄段孩子的差异	Q6：让孩子更喜欢花样滑冰	Q6：丰富孩子的个人经历	Q6：完成教练布置的任务	Q6：让孩子有事做	Q4各选项总频次
Q4：不到半年	百分比	0.00	14.29	28.57	14.29	71.43	85.71	14.29	0.00	16
	频次	0	1	2	1	5	6	1	0	
Q4：超过半年	百分比	0.00	10.00	20.00	20.00	50.00	90.00	0.00	10.00	20
	频次	0	1	2	2	5	9	0	1	
Q4：超过1年	百分比	0.00	16.67	58.33	25.00	75.00	91.67	0.00	0.00	32
	频次	0	2	7	3	9	11	0	0	
Q4：超过1年半	百分比	0.00	25.00	0.00	0.00	50.00	75.00	0.00	0.00	6
	频次	0	1	0	0	2	3	0	0	
Q4：超过2年	百分比	0.00	0.00	83.33	16.67	16.67	33.33	0.00	0.00	9
	频次	0	0	5	1	1	2	0	0	
Q4：超过3年	百分比	0.00	30.77	38.46	23.08	38.46	69.23	0.00	0.00	26
	频次	0	4	5	3	5	9	0	0	
Q6各选项总频次		0	9	21	10	27	40	1	1	109

资料来源：笔者根据首届黑龙江省花样滑冰邀请赛调查问卷的统计结果编制。

表 5-26　　　　　　　　　Q4 与 Q10（多选）交叉结果

Q4 与 Q10 的选项		Q10：每周至少7节课	Q10：极少	Q10：每周至少1节课	Q10：每周至少2节课	Q10：每周至少3节课	Q10：每周至少4节课	Q10：每周至少5节课	Q10：每周至少6节课	Q4各选项总频次
Q4：不到半年	百分比	0.00	0.00	14.29	14.29	28.57	28.57	14.29	0.00	7
	频次	0	0	1	1	2	2	1	0	
Q4：超过半年	百分比	10.00	0.00	0.00	20.00	10.00	10.00	40.00	10.00	10
	频次	1	0	0	2	1	1	4	1	
Q4：超过1年	百分比	66.67	0.00	0.00	16.67	8.33	8.33	0.00	0.00	12
	频次	8	0	0	2	1	1	0	0	
Q4：超过1年半	百分比	25.00	0.00	0.00	0.00	0.00	25.00	25.00	25.00	4
	频次	1	0	0	0	0	1	1	1	
Q4：超过2年	百分比	50.00	16.67	0.00	0.00	0.00	0.00	0.00	33.33	6
	频次	3	1	0	0	0	0	0	2	
Q4：超过3年	百分比	53.85	0.00	7.69	0.00	7.69	7.69	15.38	7.69	13
	频次	7	0	1	0	1	1	2	1	
Q10各选项总频次		20	1	2	5	5	6	8	5	52

资料来源：笔者根据首届黑龙江省花样滑冰邀请赛调查问卷的统计结果编制。

表 5-27　　　　　　　　　Q8 与 Q9（多选）交叉结果

Q8 与 Q9 的选项		Q9：2022年冬奥会的影响	Q9：其他	Q9：家长喜欢	Q9：有同学或朋友参与	Q9：其他家长推荐	Q9：冰场或俱乐部有优惠活动	Q9：学校积极推荐	Q9：全民健身的宣传	Q9：冰雪项目的宣传	Q8各选项总频次
Q8：学龄前	百分比	8.57	14.29	31.43	20.00	8.57	17.14	2.86	22.86	28.57	54
	频次	3	5	11	7	3	6	1	8	10	
Q8：小学阶段	百分比	0.00	13.33	13.33	33.33	13.33	0.00	13.33	13.33	40.00	21
	频次	0	2	2	5	2	0	2	2	6	
Q8：初中阶段	百分比	0.00	0.00	0.00	0.00	0.00	50.00	0.00	0.00	50.00	2
	频次	0	0	0	0	0	1	0	0	1	
Q8：高中阶段	百分比	0.00	0.00	0.00	0.00	0.00	0.00	0.00	0.00	0.00	0
	频次	0	0	0	0	0	0	0	0	0	

续表

Q8 与 Q9 的选项		Q9：2022年冬奥会的影响	Q9：其他	Q9：家长喜欢	Q9：有同学或朋友参与	Q9：其他家长推荐	Q9：冰场或俱乐部有优惠活动	Q9：学校积极推荐	Q9：全民健身的宣传	Q9：冰雪项目的宣传	Q8各选项总频次
Q8：大学阶段	百分比	0.00	0.00	0.00	0.00	0.00	0.00	0.00	0.00	0.00	0
	频次	0	0	0	0	0	0	0	0	0	
Q8：参加工作以后	百分比	0.00	0.00	0.00	0.00	0.00	0.00	0.00	0.00	0.00	0
	频次	0	0	0	0	0	0	0	0	0	
Q8：其他	百分比	0.00	0.00	0.00	0.00	0.00	0.00	0.00	0.00	0.00	0
	频次	0	0	0	0	0	0	0	0	0	
Q9各选项总频次		3	7	13	12	5	7	3	10	17	77

资料来源：笔者根据首届黑龙江省花样滑冰邀请赛调查问卷的统计结果编制。

Q1 统计结果表明，女孩（67.31%）比男孩（32.69%）更喜欢参与花样滑冰项目。有研究者在上海也做了一个关于花样滑冰项目发展的问卷调查（100 份），其中一个问题是关于是否愿意参与花样滑冰项目，表示愿意的女性占 63.49%，男性占 36.51%，[①] 两次统计结果均表明花样滑冰项目具有鲜明的性别特征。

Q2 统计结果表明，7~10 岁的参赛小队员是主力军（46.15%），小于 10 岁的小队员占到 8 成以上（82.68%），大于 10 岁的队员不到 2 成（17.32%），这在一定程度上也说明了花样滑冰健身休闲市场终端客户群的整体年龄结构特点。其形成原因包括：一是由于少年儿童正处于运动偏好的养成期，更多家长及孩子渴望尝试多样化的体育项目，体验花样滑冰运动的独特魅力；二是随着少年儿童年龄的增长，受宏观教育环境的影响，很多孩子将更多的精力投入到学业上，参与花样滑冰项目的时间与频次逐渐减少，甚至放弃。

Q4 统计结果显示，参与花样滑冰项目 1 年以内的占 32.69%，1~2 年的

---

① 赵小瑜，朱志强，康建新. 冬奥背景下我国南方城市花样滑冰项目的开展状况研究［J］. 哈尔滨体育学院学报，2016（3）：23-27.

占 30.77%，超过 2 年的占 36.54%，表明参与花样滑冰项目的时间并非影响小队员参赛的主要变量，也说明赛事的亲民性。同时，依据《国家花样滑冰等级测试大纲》考级升级的有关规定，参赛队员大部分属于花样滑冰初级市场终端客户群（参与花样滑冰项目 2 年的队员最多通过国家等级测试的步伐二级，自由滑三级，这部分队员占比 63.5%），健身休闲的属性更强，调查问卷的结果与花样滑冰健身休闲市场的匹配性更强。

Q4 与 Q5 交叉分析结果与 Q5 单独反映的情况基本相同。从表 5-7 可知，无论参与花样滑冰项目时间长短，"展示自己的学习成果"始终是小队员参赛的最主要初衷（76.92%）；其次是"认识更多喜爱花样滑冰的小朋友"（30.77%）；再其次是"与其他小朋友切磋技艺"（25.00%）。前三位中，第二位、第三位占比相对较低（均低于 50%），说明这两个选项较不稳定。表 5-7 的结果总体上能够反映小队员的正常心理。长时间训练后进行适当的比赛，展现学习成果，对训练有积极的促进作用。

从 Q4 与 Q6 的交叉分析可以发现，无论参与花样滑冰项目时间长短，家长让小队员参赛的主要目的是"丰富孩子的个人经历"（参与花样滑冰运动不到 1 年半的占 89.66%，参与花样滑冰运动至少 1 年半的占 60.87%，平均为 76.92%），但对于参与花样滑冰项目不到 1 年半的小队员，其家长让孩子参赛的次要原因是"让孩子更喜欢花样滑冰"（65.52%），也就是说参赛对于这些小队员有激励作用。而对于参与花样滑冰运动至少 1 年半的小队员，其家长让孩子参赛的次要原因是"检验一段时间以来的训练效果"（43.48%），"让孩子更喜欢花样滑冰"仅占 34.78%。这说明对于初学花样滑冰的小队员，习惯养成更为重要；而已经形成训练习惯的孩子，家长更关注其训练效果。

Q4 与 Q10 交叉分析结果显示，参与花样滑冰项目至少 1 年半的小队员，每周训练频次至少 4 次的占 87.00%，训练频次较低（低于至少 4 次的）的占 13.00%；而参与花样滑冰运动不到 1 年半的小队员，训练频次较低（低于至少 4 次）的占 34.48%，是前者的 2.65 倍。

Q8 统计结果表明，小队员在学龄前阶段接触花样滑冰项目的占 67.30%，小学阶段接触花样滑冰的占 28.85%。相比之下，学龄前阶段接触花样滑冰的小队员占比更大。有研究者根据花样滑冰项目特点指出，为国家培养高水平后备人才需要从儿童抓起，已得到国际和中国实践证实。所以，5~6 岁儿童开始接触花样滑冰正是好时候。①

Q8 与 Q9 交叉分析结果显示，在学龄前阶段接触花样滑冰项目的小队员，"家长喜欢"是最初参与花样滑冰项目的主要影响因素（31.43%），其次是"冰雪项目的宣传"（28.57%）；在小学阶段接触花样滑冰项目的小队员，"冰雪项目的宣传"（40.00%）与"有同学或朋友参与"（33.33%）分列主要影响因素的前两位。可见，在学龄前阶段家庭影响是主因，家长偏好的传承影响最大；而到小学阶段，家庭之外的环境影响逐步增强。

Q11 统计结果表明，"孩子喜欢"是能够坚持长年参与花样滑冰项目的核心原动力（78.85%），其次是"因花样滑冰结交了自己的小伙伴"（23.08%），再次是"家长要求"（17.31%）。但 Q8 与 Q11 交叉分析发现，对于学龄前接触花样滑冰的小队员，能够坚持下来的第二位原因是"家长要求"（22.85%）。对于小学阶段接触花样滑冰的小队员而言，"因花样滑冰结交了自己的小伙伴"上升为第二位的原因（26.67%）。可以看出，随着孩子年龄的增长，自身的意愿成为影响孩子坚持参与花样滑冰项目的主因。

Q13 统计结果表明，"成为孩子的一个爱好或特长"是家长对孩子们参与花样滑冰运动的最大期许（63.46%），其次是"锻炼身体、磨炼意志"（53.85%），再次是"成为专业花样滑冰运动员""美育的延伸"两者并列（26.92%）。"考学、择业道路上享受优惠政策"的选项仅占 7.69%。通过 Q13 与 Q4、Q13 与 Q8 交叉分析还发现，无论参与花样滑冰运动时间的长短，也无论什么年龄段接触花样滑冰，家长对孩子们参与花样滑冰运动未来期许的排序都没变。

Q14 统计结果表明，父母是主力军（92.30%），社会化的陪伴方式尚属空白。

Q15 统计结果表明，父母空闲时间较多或者可以自主支配时间的职业，更有可能让孩子参与花样滑冰项目。同时，Q15 与 Q4 交叉分析可见，坚持参与花样滑冰项目超过 1 年半的，父母为自由职业者占 61.11%；Q15 与 Q10 交叉分析可见，参与花样滑冰项目每周至少 4 次的，父母为自由职业者占 83.33%。这都印证了父母有闲暇时间是孩子参与花样滑冰项目的重要影响因素。

---

① 栾涛.培养高水平花样滑冰青少年后备人才促进花样滑冰竞技体育可持续发展［J］.湖北师范大学学报（自然科学版），2017（4）：42-47.

Q15 与 Q6 交叉分析结果显示，父母无论什么职业，带孩子参赛的目的排序几乎一致，前 2 位分别为"丰富孩子的个人经历""让孩子更喜欢花样滑冰"。Q15 与 Q13 交叉分析发现，父母无论什么职业，对孩子参与花样滑冰项目未来期许的排序也是一致的，最突出的前 2 位分别为"成为孩子的一个爱好或特长""锻炼身体、磨炼意志"。即父母职业对于带孩子参赛的目的、对孩子参与花样滑冰项目未来的期许没有影响。

Q16 统计结果表明，父母一方受过大学及以上教育的比例为 88.46%，受过高等教育的家长其孩子参与花样滑冰运动的概率更高。

Q17 统计结果表明，家庭月人均收入 4 000 元以上的占比 80.77%。根据《2016 年哈尔滨市国民经济和社会发展统计公报》数据，2016 年哈尔滨城镇居民家庭年人均可支配收入 33 190.0 元，农村居民家庭年人均可支配收入 14 438.9 元，① 换算为月人均可支配收入，分别为 2 765.83 元与 1 203.24 元。比较来看，哈尔滨市城镇平均收入水平的家庭，孩子长期参与花样滑冰项目是比较困难的，农村平均收入水平的家庭，孩子长期参与花样滑冰项目更困难。

Q17 与 Q6 交叉分析结果显示，月人均收入对家长带孩子参赛的目的无影响；从 Q17 与 Q13 交叉分析可知，不同收入水平没有表现出对孩子参与花样滑冰项目未来期许的不同。

Q18 统计结果表明，认为该赛事能激发孩子参与花样滑冰运动热情的占 94.23%，认为"不好说"的仅占 5.77%。Q19（孩子在赛前训练中是否表现出比以往更高的训练积极性？）统计结果表明，认为孩子赛前训练中表现出比以往更高训练积极性的占 82.69%。Q20（根据赛前准备情况，孩子在日常生活中是否经常提及此次赛事）统计结果表明，孩子在日常生活中经常提及此次赛事的占 75.00%。Q21（您是否有意愿让孩子参加更多类似赛事）统计结果表明，有意愿让孩子参加更多类似赛事的占 92.31%。

Q12 问题的设计本要反映不同体育项目之间的竞争水平，但根据 Q12 的统计结果，"极少"的占 44.23%，"每周至少 1 次"及以上的占 55.77%，基本相当。由于花样滑冰项目的特殊性，参与花样滑冰训练的小队员还要进行舞蹈训练，但在问卷中并没有说明其他运动项目是否包括舞蹈。因此，本

---

① 2016 年哈尔滨市国民经济和社会发展统计公报 [EB/OL]. [2017 - 04 - 18]. 哈尔滨市统计局，国家统计局哈尔滨调查队，http：//www.stats-hlheb.gov.cn/xw! detaPage.action? tid = 44806&type_no = 201.

书就此统计结果不进行详细讨论；Q3 是为赛事组委会提的问题，在此也不做深入讨论。

第五节　基于市场细分的花样滑冰全民健身终端客户群特征

一、总量水平与市场结构

虽然全国花样滑冰健身休闲市场终端客户群的总量呈迅猛发展态势，但总体规模依旧较小，且发展后劲在减小，仍需基于供给侧创新的持续产业化推动工作；全国花样滑冰健身休闲初级市场占主体，但随着初级市场所占比例逐年降低，中高端市场也在不断成长。由于总体规模较小，在相当长的一段时间内，初级市场的推广、发展与建设仍是重点。华北、华东、西南等南方花样滑冰健身休闲市场的规模与需求层次已超过东北，东北已经不再是传统意义上花样滑冰健身休闲市场的中心。虽然稳定性还有待进一步考证，但可以看出，东北地区固有的天然地理优势正逐渐消失，花样滑冰市场配置的决定因素不再是自然环境等硬件条件，新时代背景下花样滑冰健身休闲市场终端客户群的人文特征、消费心理、消费行为发挥越来越重要的作用，基于市场细分的精准营销策略将成为花样滑冰健身休闲市场发展的重要环节。

二、人文统计

花样滑冰健身休闲市场终端客户群有着鲜明性别特征，女孩或女性更喜爱参与花样滑冰项目。少年儿童，包括学龄前儿童是花样滑冰健身休闲市场终端客户群的主体，并且初级市场终端客户群主体应为学龄前儿童与小学生。因此，花样滑冰健身休闲市场营销策略的制定需要考虑受众的这些特点。父母职业特性（是否有空闲时间或者自由支配时间）、家庭人均收入水平是孩子长期参与花样滑冰项目的重要影响因素，也是影响中高端市场终端客户群的重要参考变量。进入新时代，相关研究表明，中等收入群体的年人均收入区间为3.5

万~12万元（2013年统计数据），① 花样滑冰项目正是满足中等收入人群对美好生活需要的一个重要选项；受过高等教育的家长，其子女参与花样滑冰运动的概率更大，随着我国高等教育普及程度越来越高，支持孩子参与花样滑冰项目的父母也会越来越多。

三、消费心理

"孩子喜欢"是能够坚持常年参与花样滑冰项目的最根本原因；次要原因中，学龄前阶段受父母影响较大，中小学阶段受伙伴或同学影响较大。"成为孩子的一个爱好或特长""锻炼身体、磨炼意志"占据消费预期的前2位，并且与参与花样滑冰项目时间长短、最初接触花样滑冰项目时的年龄段无关，具有鲜明的健身休闲市场终端客户群的消费心理特征。

四、消费行为

接触花样滑冰项目的初始年龄为学龄前阶段的越来越普遍。学龄前及小学阶段，孩子参与花样滑冰项目的时间长短与训练频次高低呈正相关性；训练时间长、频次高的终端客户群也是由初级市场演进为中高端市场的主力军。这类客户群对花样滑冰项目具有更好的忠诚度，价值也最大。

五、赛事的相关影响

举办赛事是一个体育项目发展的重要组成部分，也是重要环节，我国若干与全民健身相关的法规、规划均有积极办赛的内容。② 孩子参赛的主要目的是"展示自己的学习成果"，家长带孩子参赛的主要目的是"丰富孩子的个人经

---

① 李强，徐玲. 怎样界定中等收入群体［J］. 北京社会科学，2017（7）：4-10.
② 全民健身条例（2016年2月6日修正版）［EB/OL］.［2018-07-12］. 中华人民共和国国务院，http：//www.gov.cn/gongbao/content/2016/content_5139426.htm. 全民健身计划（2011—2015年）［EB/OL］.［2011-02-15］. 中华人民共和国国务院，http：//www.gov.cn/zwgk/2011-02/24/content_1809557.htm. 全民健身计划（2016—2020年）［EB/OL］.［2016-06-23］. 中华人民共和国国务院，http：//www.gov.cn/zhengce/content/2016-06/23/content_5084564.htm. 全民健身计划纲要［EB/OL］.［2015-12-07］. 国家体育总局，http：//www.scio.gov.cn/xwfbh/xwbfbh/wqfbh/2015/33862/xg-zc33869/Document/1458253/1458253.htm.

历"。参与花样滑冰项目时间长短不是参赛与否的主要影响因素，只要赛制设计合理，参赛积极性就会高。赛事能激发孩子参与花样滑冰项目的热情，表现出比以往更高的训练积极性，并且可能与同学或伙伴分享参赛信息，再次参赛的意愿也特别强。

第六节 基于花样滑冰项目的精准营销策略

前文已述，花样滑冰健身休闲市场规模的扩大需要需求侧与供给侧的共同成长。党的十九大报告也明确提出"扩大优质增量供给，实现供需动态平衡"。在需求侧，微观经济学认为，需求的主要影响因素包括价格、相关产品价格、消费者收入、价格预期、消费偏好、人口等。[①] 由于价格、相关产品价格均由市场机制形成，产业内均衡价格相对稳定；提高消费者收入绝非花样滑冰一个产业所能完成的任务；花样滑冰健身休闲项目是即时消费服务，价格预期因素的影响不大；人口变化的影响在此相对较弱，虽然在中国花样滑冰健身休闲市场仍有潜在人口红利优势，但这种优势的发挥仅仅依靠人口变量本身很难实现。所以，扩大花样滑冰健身休闲市场需求的重点应为消费偏好。在供给侧，新供给经济学认为，每一次产业革命的爆发都同时伴随着供给侧的创新，而每一次供给侧的创新实际上又都直接提升着人类物质需求的满足度；[②] 以知识部门为代表的新生产要素供给，成为能否跨越发展阶段的主导力量；促进消费、生产结构互动升级，是实现发展突破的关键。[③] 因此，花样滑冰健身休闲市场供给侧创新，特别是知识生产部门（科教体卫等部门）的创新是必然选择。以下以供给创新驱动需求，并借鉴国外全国性健身活动的推广经验，[④] 以《冰雪运动发展规划（2016－2025年）》等规划文件为指导，提出花样滑冰健身休闲市场精准营销策略。

---

① ［美］迪恩·卡尔蓝，乔纳森·默多克；贺京同译注. 经济学（微观部分. 英文版）［M］. 北京：机械工业出版社，2017：53－57.
② 贾康，苏京春. 论供给侧改革［J］. 管理世界，2016（3）：1－24.
③ 中国经济增长前沿课题组. 突破经济增长减速的新要素供给理论、体制与政策选择［J］. 经济研究，2015（11）：4－19.
④ Change4Life Three Year Social Marketing Strategy［EB/OL］.［2011－10－13］. Department of Health，https：//assets. publishing. service. gov. uk/government/uploads/system/uploads/attachment_data/file/213719/dh_130488. pdf.

一、文化宣传策略

通过对上述问卷的梳理，可以看出，花样滑冰项目偏好的形成，起重要作用的是文化。"家长喜爱"是文化传承，"有同学或朋友参与"是文化传播，"冰雪运动宣传""全民健身宣传"是文化倡导。同时，只有花样滑冰文化被自身接受，与自身同化，成为一种喜爱，参与花样滑冰项目才能成为自觉，逐渐形成偏好，并有可能传承给下一代。在欧美较为成熟的冰雪运动市场，父母带子女体验冰雪运动极为常见，这也正是文化传承展现的文化影响力。

根据花样滑冰健身休闲市场细分的结果，初级市场依旧是重点，而少年儿童（包括学龄前儿童）正是初级市场终端客户群的主力军，该年龄段同样也是花样滑冰项目偏好形成的关键期。因此，无论作为初级市场的主体，还是扩大市场规模的潜在客户群，这支主力军始终应成为花样滑冰文化影响的重点对象。2018年1月，教育部、国家体育总局、北京冬奥组委联合印发《北京2022年冬奥会和冬残奥会中小学生奥林匹克教育计划》，其受众不包括学龄前儿童这一重要客户群体，也没有提到适合学龄前儿童的相关教学资源与文化活动。虽然学龄前儿童并不包含在中小学生之列，但学龄前儿童的教育、体育仍属教育部、国家体育总局的管辖范围。因此，在该计划后续的执行过程中，花样滑冰项目的具体落实方案尚需针对学龄前儿童客户群体进行补充与完善。

基于花样滑冰文化宣传受众的精准定位，花样滑冰的宣传必须符合重点受众群体，即少年儿童（包括学龄前儿童）的心理特征。在宣传形式上可考虑使用卡通形象、制作动画片等方式，语言表述也应让重点受众群体更容易接受，花样滑冰项目的宣传效果才能更为显著。其实，对于一个体育项目的宣传要走心，真正从受众的视角思考问题才能有成效。20世纪90年代的日本动画片《足球小子》，就唤起了日本无数少年对足球的向往和热爱。[①] 这种对媒介内容的精心创作与传播方式的优化选择，远比几句口号、明星的几次亮相、几堂简单的体验课来得更为深刻、有效。此外，由于花样滑冰的参与者中女孩或女性偏多，在花样滑冰的宣传形式上要注意其受众的这一特征，以更好地满足

---

① 周俊杰，应依歧. 日本足球发展对我国的启示 [J]. 青少年体育，2017 (1)：42-43，46.

受众需求。

自北京联合张家口获得 2022 年冬奥会举办权后，中央电视台明显增加了花样滑冰高水平赛事直播与录播的频次，加大了宣传力度。但除电视、广播、报纸、杂志等传统媒体外，数字技术、移动客户端等新兴技术也应成为花样滑冰宣传的重要平台。因此，更多体现花样滑冰项目特点、文化内涵、运动精神的文化宣传作品与相关媒介、平台的完美结合值得期待。

由文化影响到偏好形成，不是短时间内能完成的任务，应坚持短期计划与中长期规划相结合，并制定不同阶段的文化宣传目标。第一阶段，依据新时代背景下全民健身需求猛增，并表现出个性化、多元化特征的趋势，借助 2022 年北京冬奥会的宣传优势，让更多受众知道、了解花样滑冰项目，包括说明花样滑冰能够给少年儿童（包括学龄前儿童）以及广大成年人在强身健体、磨炼意志、提升艺术修养等多方面带来哪些益处，帮助民众逐渐认知花样滑冰项目、欣赏花样滑冰项目、喜欢花样滑冰项目。第二阶段的文化宣传目标是让受众更多地了解花样滑冰上冰的基础知识，知晓花样滑冰的相关技术与技能。第三阶段的文化宣传目标是让更多受众有信心参与花样滑冰项目，并在相关人员（如父母、老师、同学、免费冰场中的社区体育指导员、俱乐部或培训机构中的专业教练等）带动下，在相关机构（公益性冰场、商业性冰场、花样滑冰器材、服装经销商等）的支持下，参与花样滑冰运动、坚持花样滑冰运动。同时，每个阶段的重点宣传内容应该由花样滑冰专家、健康专家等专业人员在相关研究的基础上联合进行编制，媒体的角色更多地体现在宣传渠道的构建上。

为了提高花样滑冰项目的文化宣传效果，应由国家体育总局花样滑冰部、中国花样滑冰协会等政府与非政府组织，共同构建一个统一的花样滑冰宣传品牌，所有的宣传活动均在这一品牌框架下进行，并以这一品牌的核心价值观与愿景为指导，进行花样滑冰项目的各种宣传活动。这样既可以明确各阶段花样滑冰项目的文化宣传目标，又可以使各利益相关人的文化宣传活动相互协同，提升花样滑冰项目的宣传效果，更可以保证从学龄前儿童到成年人的不同阶段所接受的文化熏陶的内容不断丰富。

二、培训教育创新

花样滑冰健身休闲市场发展不平衡、在中心城市与非中心城市、城乡之间的不平衡，以及非中心城市等地区健身休闲市场有效供给不充分等问题，严重阻碍了花样滑冰项目成为民众追求美好生活的可行选项。克服花样滑冰健身休闲初级市场的不平衡、不充分一定要寻求花样滑冰健身休闲市场发展模式、产业业态的创新。随着移动互联网、微视频以及云平台技术的日新月异，在线教学应成为花样滑冰培训的新模式。通过微视频讲解从上冰到滑行，再到基本步伐、旋转、跳跃等各个基本技术动作要点，并通过实时视频互动、短视频传输等，以在线方式由教练员远程对学员基本技术动作进行点评与指导，既可以避免在室内冰场定时训练及由教练面授而带来的资源有限、费用高昂的问题，又可以实现高水平教练员的师资共享。在线教学的花样滑冰培训业态通过供给侧创新在一定程度上缓解了花样滑冰健身休闲初级市场在非中心城市、欠发达地区发展不平衡不充分的问题，成为以供给创新驱动需求、消费与生产结构互动升级的典范。

三、跨产业深度融合

花样滑冰健身休闲市场的产业信息供给创新应成为跨产业深度融合的重点。要构建花样滑冰项目的云平台，不断丰富云平台有关花样滑冰的产业信息内容，比如在平台上提供不同城市花样滑冰的场馆信息、优惠券、花样滑冰游戏、上冰注意事项等内容，为初级市场终端客户群参与花样滑冰项目提供可行路径。要不断丰富数字教学与赏析资源，提升客户在线体验；增加在线互动，在不同宣传阶段不断提出花样滑冰的新话题，为更好地推广花样滑冰健身休闲市场创造条件。

四、打造群众性多层次品牌赛事

根据花样滑冰健身休闲市场以初级终端客户群为主的特征，可以重点打造基于初级终端客户群的群众性多层次品牌赛事。适时组织赛事能够激发初学者参与花样滑冰运动的热情，提高训练积极性，也可能影响其身边的同学或朋友参与花样滑冰运动。因此，针对不同类别、层次的客户群体，特别是初级终端客户群，应突出赛事设计的大众性，丰富赛事设计的多样性，吸引这类客户群体参与比赛，获得更多的竞赛体验，感受更多的花样滑冰礼仪，逐步体会花样滑冰的文化精髓。其实，举办各级别、各类型的赛事还有利于促进不同体育项目之间的竞争。相关赛事越成功、参赛队员越踊跃、社会影响越大，该体育项目的竞争力就越强，其产业化的效果也就越好。因此，根据不同类别与层次的客户群，特别是初级终端客户群，打造群众性多层次的花样滑冰品牌赛事，将是花样滑冰健身休闲市场营销策略的重要组成部分。

第六章 增加公共体育场地设施供给的可行方案及其满足多元全民健身需求的激励效应

——以"冬夏"公园为例

党的十九大报告明确指出,新时代我国社会主要矛盾是人民日益增长的美好生活需要和不平衡不充分的发展之间的矛盾。冰雪体育运动作为北方民众冬季参与全民健身的重要选项,以及外来游客的重要体验项目,是新时代人们追求美好生活的生动体现与现实需求。因此,不断提高冰雪运动场地供给,特别是公共冰雪运动场地的供给,努力使冰雪运动成为大众冬季参与全民健身的可行选项,更好地满足人们追求美好生活的需要,是一项重要的工作任务。

第一节 相关概念的界定

一、公共体育服务与公共冰雪体育场地设施供给

郇昌店等(2009)认为,公共体育服务是为满足公众的公共体育需求而提供的各种体育服务和活动的总称。公共体育服务供给包括谁供给(供给主体)、供给什么(供给内容)、如何供给(供给方式)三类问题。肖林鹏(2008)认为,政府和体育行政部门、准政府组织、非政府组织、企业和个人都可能成为公共体育服务的供给主体;公共体育服务针对需求多层面形成多层次性的供给内容;供给方式分为政府供给方式、市场供给方式和社会供给方式三种类型。刘玉(2013)指出,公共服务模式包括服务的价值理念、相应的

制度设计以及合理的技术选择。王莉等（2015）提出，公共体育服务是政府运用公共资源为公民及各种各类体育机构提供的旨在满足社会公众基本体育需要的各种服务。

根据上述相关研究成果，本书认为，公共冰雪体育场地设施供给是指为了满足广大民众参与冰雪运动的多层次需求，通过政府供给等多种途径，提供的冰雪体育运动场地设施。2016 年，国家体育总局、发展和改革委员会、工业和信息化部、财政部、国土资源部、住房和城乡建设部、国家旅游局 7 部委联合发布《全国冰雪场地设施建设规划（2016—2022 年）》，在基本原则中就强调"普及推广、服务群众""因地制宜、绿色发展""政府引导、多方参与""统筹推进、创新发展"，为提升公共冰雪体育场地设施供给水平的目标、理念、方式等确定了基调。

二、"冬夏"公园

根据公共空间"一地多用""多功能性"的设计原则、多部门合作的工作方针、体育设施便利性的要求等，并借鉴相关实践案例，本书特提出"冬夏"公园的概念。"冬夏"公园的内涵是，利用城乡既有公园、绿地、广场等公共空间，通过合理规划与设计，并进行适当改造与维护，实现在夏季以景观、广场等为主要功能，在冬季以冰场、雪道等冰雪场地设施为主要功能的目标。"冬夏"公园不是强调新建公园，是对既有公园、绿地、广场等公共空间赋予新属性，是突出一个公共空间在冬、夏两季实现两种不同景观与功能，其核心是一地多用，这对新建公共空间也具有指导作用。"冬夏"公园的名称也决定了它的公益性，属公共服务范畴。

第二节 文 献 回 顾

一、制度规范与法律法规

改革开放以来，国民经济快速发展，体育事业（包括全民健身）取得了瞩目成就。《中华人民共和国体育法》《全民健身规划纲要》等标志性法律、规划的实施，不仅体现了政府及相关职能部门一直努力尝试更好地满足群众不断增长的参与全民健身的需求，也使全民健身的发展步入法制化、规范化轨道。但体育场地设施用地紧张问题一直存在。

进入21世纪后，北京成功申办并举办2008年奥运会，我国体育事业得到空前发展，体育场地设施建设的相关理念也更科学、理性。2002年7月22日，《中共中央　国务院关于进一步加强和改进新时期体育工作的意见》下发，该意见是在北京成功申办2008年奥运会的背景下出台的。该意见指出，建设好群众健身场地，方便群众就地就近参加体育活动。政府重点支持公益性体育设施建设，群众性体育组织和体育活动以社会兴办为主。各级政府要重视体育设施建设，加强城乡公共体育设施规划，并首次提出"方便群众就地就近参加体育活动"原则。2003年8月1日起施行的《公共文化体育设施条例》对用地、规划、建设、维护、管理经费等相关内容基本沿用了《中华人民共和国体育法》的相关规定，并进行了细化。该条例所称公共文化体育设施，是指由各级人民政府举办或者社会力量举办的，向公众开放用于开展文化体育活动的公益性的图书馆、博物馆、纪念馆、美术馆、文化馆（站）、体育场（馆）、青少年宫、工人文化宫等的建筑物、场地和设备。该条例所称公共文化体育设施管理单位，是指负责公共文化体育设施的维护，为公众开展文化体育活动提供服务的社会公共文化体育机构。同时强调国务院文化行政主管部门、体育行政主管部门依据国务院规定的职责负责全国的公共文化体育设施的监督管理。在此，公共体育场地、设施建设与运营的主体责任得到了明确，但较为遗憾的是公共文化体育设施没有将公共文化体育活动的重要载体——"公园"明确地列举出来。2009年10月1日起施行的《全民健身条例》提出：公共体育设施的规划、建设、使用、管理、保护和公共体育设施管理单位提供服务，应当遵守《公共文化体育设施条例》的规定；公共体育设施的规划、建设应当与当地经济发展水平相适应，方便群众就近参加健身活动；农村地区公共体育设施的规划、建设还应当考虑农村生产劳动和文化生活习惯。该条例对"方便群众就近参加健身活动"再次进行了强调。2011年11月，国家体育总局发布《〈全民健身计划纲要〉实施十五年》白皮书，指出：《纲要》实施以来，体育场地设施特别是群众身边的体育健身设施数量不多、功能不全，这成为制约全民健身活动开展的突出问题。"方便群众就地就近参与体育活动"的原则2002年就已明确提出，2009年实施的《全民健身条例》又进行了强调，但到2011

年仍执行得不理想,并且相关原因既没有得到深入剖析,也没给出明确的解决方案。

2011年2月15日发布的《全民健身计划(2011—2015年)》提出:50%以上的街道(乡镇)、社区(行政村)建有便捷、实用的体育健身设施;有条件的公园、绿地、广场建有体育健身设施;充分利用公园、绿地、广场等公共场所和山水等自然条件,建设公共体育设施以及健身步道、登山道等户外运动设施。其中,后两条是首次在体育部门的指导性文件中正式提出,是对"方便群众就地就近参与体育活动"原则以及提升体育场地建设生态效益的积极回应,但用地指向不属于体育部门直接管辖的公园、绿地、广场等公共空间,这也极大地增加了后续规划、建设与运营管理协调的复杂性与挑战性。

2014年10月20日,《国务院关于加快发展体育产业 促进体育消费的若干意见》发布,在主要任务中指出,各级政府要结合城镇化发展统筹规划体育设施建设,合理布点布局,重点建设一批便民利民的中小型体育场馆、公众健身活动中心、户外多功能球场、健身步道等场地设施;鼓励社会力量建设小型化、多样化的活动场馆和健身设施,政府以购买服务等方式予以支持;在城市社区建设15分钟健身圈,新建社区的体育设施覆盖率达到100%;推进实施农民体育健身工程,在乡镇、行政村实现公共体育健身设施100%全覆盖;充分利用郊野公园、城市公园、公共绿地及城市空置场所等建设群众体育设施。其中"充分利用郊野公园、城市公园、公共绿地及城市空置场所等建设群众体育设施"等措施得到进一步强化,成为实现"重点建设一批便民利民的中小型体育场馆、公众健身活动中心、户外多功能球场、健身步道等场地设施""在城市社区建设15分钟健身圈"等目标的重要手段。但郊野公园、城市公园、公共绿地及城市空置场所的规划、建设,运营管理体育场地设施,其责任主体仍未明确。

2016年6月15日发布的《全民健身计划(2016—2020年)》提出:统筹建设全民健身场地设施,方便群众就近就便健身;充分利用旧厂房、仓库、老旧商业设施、农村"四荒"(荒山、荒沟、荒丘、荒滩)和空闲地等闲置资源,改造建设为全民健身场地设施,合理做好城乡空间的二次利用,推广多功能、季节性、可移动、可拆卸、绿色环保的健身设施;合理利用景区、郊野公园、城市公园、公共绿地、广场及城市空置场所建设休闲健身场地设施;支持各地建设和改建多功能冰场和雪场,引导社会力量进入冰雪运动领域,推进冰雪运动进景区、进商场、进社区、进学校。该计划进一步明确提出"推广多功能、季节性、可移动、可拆卸、绿色环保的健身设施""推进冰雪运动进景区、进商场、进社区、进学校"的目标,但推广多功能、季节性、可移动、可拆卸、绿色环保的健身设施的责任主体仍未明确。

通过上述系统回顾,可以发现,每个时期与体育相关的规划、条例、法律、法规都有着鲜明的时代特征,与同时代的经济、社会发展水平息息相关。新时代,参与冰雪运动进行全民健身已成为人们追求美好生活的新需要。而作为参与冰雪运动的基础设施,冰雪运动场地不仅要有资金建、有地方建,还要有部门负责建、有部门负责管,更要方便群众就地就近参与冰雪运动健身活动,这是新时代对冰雪运动场地服务供给的新要求。城乡建设空间的有限性要求城乡空间的二次利用,在城市公园、绿地等公共空间建设冰雪运动场地,既有助于推动冰雪运动进景区、进社区,又符合融公益性、便利性、季节性、多功能性的环境友好型冰雪运动场地的建设原则,满足新时代冰雪运动场地服务供给的新要求。但是,新时代冰雪运动场地服务供给的新模式能否实现,还面临诸多挑战。一方面是与公园、绿地相关的规划、设计等规范是否支持;另一方面,在不归体育部门管辖的公园、绿地等公共空间建设体育场地设施,建设与运营管理的责任主体在相关法律法规中是否有明确的规定,尚需进行系统梳理。

2008年1月1日起施行的《中华人民共和国城乡规划法》的基本原则包括改善生态环境,促进资源、能源节约和综合利用,保持地方特色、民族特色和传统风貌等。但该法没有考虑季节变化对土地使用功能变化的影响。1992年5月20日国务院通过了《城市绿化条例》,经2010年12月29日国务院通过《国务院关于废止和修改部分行政法规的决定》以及2017年3月21日发布的《国务院关于修改和废止部分行政法规的决定》两次修订,出台《城市绿化条例(2017年修正本)》。该条例规定,城市绿化规划应当根据当地的特点,利用原有的地形、地貌、水体、植被和历史文化遗址等条件,以方便群众为原则,合理设置公共绿地、居住区绿地、防护绿地、生产绿地和风景林地等。城市公共绿地和居住区绿地的建设,应当以植物造景为主,选用适合当地自然条件的树木花草,并适当配置泉、石、雕塑等景物。其中绿地设计没有提及季节变化产生的影响。

1992年6月18日,建设部发布《公园设计规范(CJJ48-1992)》并于

1993年1月1日起实施。总体设计中提出功能与景区划分，应根据公园性质和现状条件，确定各分区的规模及特色。建筑物及其他设施设计中仅包含有儿童游戏场的规范要求，并没有健身区或健身设施的相关要求。1994年，建设部颁布实施《城市居住区规划设计规范（GB50180-93）》，经1998年、2016年修订后，提高了部分标准。居住区的规划原则是：综合考虑所在城市的性质、社会经济、气候、民族、习俗和传统风貌等地方特点和规划用地周围的环境条件，充分利用规划用地内有保留价值的河湖水域、地形地物、植被、道路、建筑物与构筑物等，并将其纳入规划。但绿地部分并没有明确提出根据季节的变化做多功能设计的要求，居住区的健身功能也没有被明确提出。

2002年10月11日，建设部发布《建设部关于发布行业标准〈园林基本术语标准〉的公告》，宣布《园林基本术语标准（CJJ/T91-2002）》自2002年12月1日起实施。该标准指出，城市绿地系统中的"公园"是供公众游览、观赏、休憩，开展户外科普、文体及健身等活动，向全社会开放，有较完善的设施及良好生态环境的城市绿地。这里公园的健身功能已经被明确地确认。"社区公园"是为一定居住用地范围内的居民服务、具有一定活动内容和设施的集中绿地。"公园绿地"是指向公众开放，以游憩为主要功能，兼具生态、美化、防灾等作用的城市绿地。"居住绿地"是城市居住用地内除社区公园之外的绿地。虽然绿地的多功能性已经提出，但由于季节变化而产生的多功能要求尚无体现。园林规划与设计中的"季相"是植物在不同季节表现出的不同外观。只针对植物，不针对其他景观与功能。"园林设计"是指使园林的空间造型满足游人对其功能和审美要求的相关活动。"地形设计"是指对原有地形、地貌进行工程结构和艺术造型的改造设计。这里也没有提及由于季节的变化而进行功能调整的要求。2007年8月30日，建设部发布了《关于建设节约型城市园林绿化的意见》，指出坚持生态优先、功能协调的原则，以争取城市绿地生态效益最大化为目标，通过城市绿地与历史、文化、美学、科技的融合，实现城市园林绿化生态、景观、游憩、科教、防灾等多功能的协调发展，但城市园林绿化中的健身功能还是没有被提及。

2013年5月3日住房和城乡建设部印发《关于进一步加强公园建设管理的意见的通知》，指出：公园是与群众日常生活息息相关的公共服务产品，是供民众公平享受的绿色福利，是公众游览、休憩、娱乐、健身、交友、学习以及举办相关文化教育活动的公共场所,是城市绿地系统的核心组成部分,承载着改善生态、美化环境、休闲游憩、健身娱乐、传承文化、保护资源、科普教育、防灾避险等重要功能。新建公园要切实保障其文化娱乐、科普教育、健身交友、调蓄防涝、防灾避险等综合功能,并在公园改造、扩建时不断完善。各级住房城乡建设(园林绿化)主管部门要组织制定完善公园建设管理的法规政策、制度以及技术标准、操作规程等,指导、监督公园管理机构正常履行职责,并对辖区内公园运营管理等组织考核并跟踪监督。这里,公园的健身功能性定位得到进一步明确,但是健身设施的建设、运营管理主体仍然悬而未决。① 此外,建设什么样的健身设施仍是空白。

2017年实施的《公园设计规范(GB51192 - 2016)》提出:"综合公园应设置游览、休闲、健身、儿童游戏、运动、科普等多种设施,面积不应小于5hm^2。"这里只有面积大于5hm^2(公顷)的综合公园才明确地要求具有健身功能。同年《风景园林基本术语标准(CJJ/T91 - 2017)》实施,同时宣布《园林基本术语标准(CJJ/T91 - 2002)》废止。比较两个版本标准中"公园"的定义,新版"公园"中健身功能被删除。但在《公园设计规范(GB51192 - 2016)》"设施的设置"章节中规定各类公园中均可设置"游戏健身器材"。也就是说,与体育部门提出的"方便群众就近就便健身"的原则并没有完全冲突。

2018年实施的《城市绿地分类标准(CJJ/T85 - 2017)》对城市建设用地内的绿地、城市建设用地外的区域绿地及相关功能进行了分类,标志着我国对城市绿地分类管理的开始。2019年《城市绿地规划标准(GB/T 51346 - 2019)》实施,其"基本规定"章节指出,城市绿地系统规划原则包括:应遵循以人为本、功能多元的原则,满足人民日益增长的美好生活需要,提高绿地游憩服务供给水平,充分发挥绿地综合功能;应遵循因地制宜、突出特色的原则,依托各类自然景观和历史文化资源,塑造绿地景观风貌,凸显城市地域特色。"系统规划"章节提出,构建公园体系,应按服务半径分级配置大、中、小不同规模和类型的公共绿地;应合理配置儿童公园、植物园、体育健身公

---

① 栾丽霞,吴霜. 武汉市全民健身路径工程管理存在的问题与对策[J]. 体育文化导刊,2013(2):91 - 94. 唐刚,彭英. 多元主体参与公共体育服务治理的协同机制研究[J]. 体育科学,2016(3):10 - 24.

园、游乐公园、动物园等多种类型的专类公园；应丰富公园绿地的景观文化特色和主题。"分类规划"章节指出，综合公园与面积大于 $1hm^2$（公顷）的居住区公园应设置儿童游戏、休闲游憩、运动康体等设施；体育健身公园应选址在邻近城市居住区的区域。在此，对一地多用、突出多功能性的规划原则以及体育场地设施的便利性均给予了积极回应，公园、绿地的分类管理得到进一步加强。

从以上与公园等公共空间相关的规范、标准可以看出，城市建设管理部门并非要否定公园等公共空间的健身功能，而是在尝试对公共空间进行科学、合理的分类管理，进而更好地满足不同客户群体不同层次的需求，并实现更为均衡的供给。同时，依据季节变化，更具多功能特征的公共体育场地设施供给服务仍是空白，健身设施的建设、运营、管理主体依旧悬而未决。因此，体育部门倡导的在公园中建设冰雪场地的构想既有管理制度的羁绊，又无相关设计规范的支撑，困难重重。

二、相关理论

（一）关于明确建设与运营管理责任主体的解决原则

在两个或多个行业间的组织进行合作，分享信息、资源、活动以及能力，能够实现单一行业组织无法带来的综合性产出。跨部门合作具有三个优势：一是可以更为有效地进行复制服务的迁移或使用互补性资产、加强联合提供服务；二是多主体达成一致意见后，合作关系因未来的持续服务而提高服务供给的稳定性；三是对于合作的一方或多方，合作关系可以增强组织的合理性（Crompton，1999）。只有体育行政管理部门与公园、绿地建设相关主体间的进行良好合作，才能有效解决建设和运营管理责任主体问题。

（二）关于公共空间综合利用的设计原则

贾辰等（2013）认为，提升城市环境品质、增加城市公共活动空间、改善公众生活质量，成为值得关注的社会问题。作为一种有效解决生态失衡的举措，同时兼具经济效益、社会效益与生态效益的空中花园，成为解决我国城市这些社会问题的破冰之举。吴巍等（2011）指出，集约型园林景观设计要求在园林景观设计中运用生态学原理，创造优于原景观系统的经济和生态效益，以保证资源的永续利用和环境的可持续发展。王静文（2011）认为，紧凑城市是最具可持续性的城市形态，是城市经济、社会和环境三者高效、高质的协调发展，其中生态环境是紧凑城市发展的重要内容，因而绿地系统规划受到广泛关注。因此，由于城市公共空间的稀缺性，规划设计中需要强调公园、绿地等公共空间的经济、社会与环境效益的统一，而多功能性、一地多用等设计原则成为主流。

（三）关于冰雪运动场地便利性的原则

有学者认为，相关服务的可获得性（availability）是影响需求的重要因素之一（Mark Hirschey，2007）。作为冰雪运动相关服务，冰雪场地的可获得性与冰雪运动需求呈正相关关系，即冰雪场地越接近居民生活区，越能更好地满足人们参与冰雪运动的需求，参与冰雪运动的群众就越多。相关学者指出，消费者获得服务的便利性（convenience）非常重要，将服务送给客户，而不是强迫客户接受服务，是企业提高服务便利性的重要内容（Berry et al.，2002）。此观点同样适用于公共服务，秉承将冰雪场地送到千家万户身边的理念（而不是建几处公益性冰雪场地，持"爱来不来"的心态），才能提升公共冰雪场地服务的质量与效益。有学者通过调查研究指出，健身设施条件与质量、距离远近、可达性与参与健身人口数量呈正相关关系（Spangler K J，1997）。还有相关研究人员的调查表明，70%的美国成年人在公园逗留过，30%在公园健身过（Mowen A J et al.，2015）。《美国全民健身计划（2016版）》[*U. S. National Physical Activity Plan*（2016）]在"社区休闲、健身和公园领域"章节中提出，要致力于改善居民方便使用的安全、清洁、可支付的社区休闲、健身和公园设施，并不断丰富这类资源；在"交通、土地使用与社区设计"章节中指出，必须有意识地设计、开发居民社区，使之在日常生活中更便于居民参与健身。这些都说明，依托公园、绿地等与居民邻近的公共空间建设冰雪场地，对推动冰雪运动具有积极的促进作用。

（四）关于公共空间综合利用的解决方案

有学者指出，开发新公园以满足休闲需求、假定公园部门是休闲机会的唯一供给者的传统方法与思维模式已经行不通了。公共职能部门应积极识别、探索其他提供休闲服务的可行方案，具体包括综合利用学校设施、在公共事业拥有的土地上引进休闲功能、改善通往室外休闲设施的交通、临时使用公园或空地、已有房屋再利用、临时封闭街道用于休闲目的等。合作必须具有互补性，各合作方在合作中都能受益（Clement Lau，2012）。可见，在公共事业拥有的土地上引进休闲功能,临时使用公园或空地在国外已经是较为成熟的公共空间综合利用解决方案。

三、相关实践

19世纪末,芝加哥民众已经意识到家庭乃至全体社区居民的休闲娱乐设施与儿童娱乐场地的需求是一样的。芝加哥市政府已经介入小型休闲娱乐场地(playground)的建设,并在1898年由市议会募集了1 000美元公共资金用于小型休闲娱乐场地的建设与维护(这些场地在冬天成为冰场)。1899年由市议会批准成立特别公园委员会(由市参议员与市民组成),主要任务是建设与维护小型休闲娱乐场地,研究与报告城市中公园与小型休闲娱乐场地的需求。[1] 可见,19世纪的人们已经感觉到了公共空间的有限性,并通过市级政府开始了综合利用城市公共资产的实践。

加拿大很多城市的公园、绿地、小区均有"雪橇山坡"(toboggan hills),或是依自然地势天然形成,或是人工设计与建造,夏天多以草坪覆盖,冬天成为加拿大最有趣、最便宜、也最受欢迎的冬季嬉雪场地[2]。加拿大各城市的"雪橇山坡"很多,经营主体各不相同(公共、私人性质均有),场地条件各异(有的场地还有升降设备),相关网站还给出各"雪橇山坡"的地理位置、停车场信息以及相关注意事项。[3] 这些案例既体现了公共资产的多功能性、开发模式的多元性、服务供给的便利性,又展现了城市的独特风貌。多伦多的新市政厅前有个内森·菲利普斯广场(Nathan Phillips Square),是多伦多的著名旅游景点。该广场夏天设有喷泉水池,冬天则为冰场,接待四方游客,且这种依据季节利用广场等公共空间进行多功能开发的情况在多伦多非常普遍。[4] 为了更好地综合利用其名下的市政资产,

---

[1] Taylor G R. Recreation Developments in Chicago Parks [J]. Annals of the American Academy of Political & Social Science, 1910(2): 88-105.

[2] City's Approved Sledding Hills Are Open [EB/OL]. [2016-01-06]. Ottawa, http://ottawastart.com/citys-approved-sledding-hills-are-open/.

[3] Map of Ottawa Toboggan Hills [EB/OL]. [2017-01-03]. Ottawa, http://ottawastart.com/map-of-ottawa-toboggan-hills/.

[4] Winter Sports [EB/OL]. [2020-12-24]. Toronto, https://www.toronto.ca/explore-enjoy/recreation/skating-winter-sports/.

多伦多市还出台了多个规划性文件。2018年开始实施的《城市资产管理规划》(Municipal Asset Management Planning)规定，要审视与有关市政部门建立伙伴关系的潜在优点和缺点。合作关系可以简单到共享资源，并将多个项目捆绑到一次政府采购中；也可以是更复杂的安排，比如整合基础设施服务。由此可见，多个市政部门的合作是实现公共空间"一地多用""多功能性"的重要基础。

汪浩等（2011）调研指出，北京最常见的天然露天冬季滑冰空间几乎都位于城市公园中，规模较大并常年开放，同时交通位置良好，自然成为大众冬季滑冰的主要去处；这类冰场除北海、什刹海、紫竹院等传统的大型滑冰场外，还有奥体中心人工湖、人定湖、红领巾公园等中小型滑冰场；此外，北京城区还有不少水域未开发为正式的滑冰场，由一些常年滑冰的爱好者自发整理而形成"野冰"，比如护城河、后海区域、工体南湖等；北京的天然露天滑冰场不少都是开放历史有十几年甚至几十年的"老字号"，由公园管理处统一管理，并收取一定的费用。沈阳市区公园内冬季也有一些天然冰场。通过实地调查得知，万柳塘公园等冰场免费开放，维护工作主要是由志愿者自发进行；青年公园等也有冰场，主要以租赁的形式进行经营。从北京、沈阳等城市的实践可以看出，公共空间与冰雪场地设施的结合是可行的，也是受欢迎的。但冰雪运动爱好者自行开发的现象表明，场地设施供不应求的态势依旧显著。

从国内外的实践来看，国外公园空间的"一地多用""多功能性"已经不再是构想，而是现实。从供给的属性看，既有公共属性的，也有商业属性的，并且相关设施按等级分类。从国内的实践来看，人民群众已经开始践行"一地多用"、冬季运动场馆"便利性"的理念，所谓北京的"野冰"、沈阳的"志愿者自发维护冰场"，都是走在现有行政管理制度、技术规范之前的实践。面对广大人民群众日益增长的参与冰雪运动的需求，如何借鉴国外经验，利用民众的智慧，更好地满足"先知先觉"且迅速增长的市场需求，破除各种行政管理制度、技术规范的障碍，充分利用北方地区冰雪资源，建设更多利用季节更迭体现一地多用、多功能性以及便利性的冰雪场地设施显得尤为迫切。

第三节 "冬夏"公园的基本属性与价值

一、"冬夏"公园的基本属性与功能定位及场地设施分级

"冬夏"公园不是独立的公园，而是既有公共空间的一种属性，需要相应的载体。由此，根据规模大小、运动类型、专业程度等变量要素，以《公园设计规范（GB51192-2016）》《城市绿地分类标准（CJJ/T85-2017）》《城市绿地规划标准（GB/T 51346-2019）》中关于公园、绿地、广场的分类标准及功能定位为基础，借鉴国外体育公园规划的相关经验[1]以及我国城市公园绿地主要规划指标形成方法，[2] 充分利用现有公园、绿地分类及服务范围与强度规划指标的相关成果，以满足新时代人民追求美好生活的新需求为宗旨，全面考虑群众冬季参与全民健身的多层次需要，以配置"15分钟健身圈"为目标，对现有公园、绿地、广场等公共空间给出推荐性"冬夏"公园属性匹配关系，并尝试进行功能定位与场地设施分级，详见表6-1和表6-2。"冬夏"公园中的冰雪场地设施主要包括冰场与坡道，且分为A、B、C三级。A级冰场，即按照相关标准建设，可以举办一定级别的赛事；A级雪道，有足够的长度和宽度，人员通道设计合理，相关设施完备、齐全；A级场地设施应有专门的维护及管理人员。B级冰场，不设挡板，可以进行初级训练及冰上游戏，具有明确功能分区；B级雪道，有一定的长度和宽度，较为明确的人员通道；B级场地设施宜有专门的维护及管理人员。C级冰场，可以进行多种冰上游戏；C级雪道，雪道较短，有简易人员通道；C级场地设施可有维护及管理人员。特定公共空间的"冬夏"公园属性匹配关系、功能定位及场地设施分级的细化工作，还要根据具体需求状况、资金情况、交通便利程度、文化传统、公共空间开发充分性、冰雪场地设施供给均衡性等多方面因素确定。

---

[1] 李云超，王忠杰，刘纡萌，等. 专类公园发展趋势及规划建设应对的思考[J]. 中国园林，2020（2）：35-40.

[2] 李敏，童匀曦，李济泰. 国标编制相关的城市公园绿地主要规划指标研究[J]. 中国园林，2020（2）：6-10.

表6-1　　　　城市建设用地内"冬夏"公园属性匹配
关系与功能定位及场地设施分级

大类		中类		小类		"冬夏"公园属性及功能	场地设施分级
代码	名称	代码	名称	代码	名称		
G1	公园绿地	G11	综合公园		—	●（冰场和坡道）	A 或 B
		G12	社区公园		—	○［冰场和（或）坡道］	A 或 B 或 C
		G13	专类公园	G131	动物园	—	—
				G132	植物园	—	—
				G133	历史名园	—	—
				G134	遗址公园	—	—
				G135	游乐公园	○［冰场和（或）坡道］	B 或 C
				G139	其他游乐公园（儿童公园、体育健身公园等）	●（冰场和坡道）	A 或 B
					其他游乐公园（滨水公园）	△［冰场和（或）坡道］	A 或 B 或 C
					其他游乐公园（其他公园）	—	—
		G14	游园		—	○［冰场和（或）坡道］	A 或 B 或 C
G3	广场用地				—	○［冰场和（或）坡道］	A 或 B

注："●"表示应设置，"○"表示宜设置，"△"表示可设置，"—"表示可不设置。

表6–2　　　城市建设用地外"冬夏"公园属性匹配
关系与功能定位及场地设施分级

大类		中类		小类		"冬夏"公园属性及功能	场地设施分级
代码	名称	代码	名称	代码	名称		
EG	区域绿地	EG1	风景游憩绿地	EG11	风景名胜区	△[冰场和（或）坡道]	A或B或C
				EG12	森林公园	—	—
				EG13	湿地公园	○[冰场和（或）坡道]	A或B或C
				EG14	郊野公园	○[冰场和（或）坡道]	A或B或C
				EG19	其他游憩绿地	△[冰场和（或）坡道]	A或B或C

注："○"表示宜设置，"△"表示可设置，"—"表示可不设置。

二、"冬夏"公园的价值

"冬夏"公园对于我国北方城乡居民开展大众冰雪运动、开发冰雪体育产业、发掘冰雪运动文化、提升城乡冬季活力指数具有重要价值。

第一，"冬夏"公园建设可大幅提升公共冰雪场地服务供给，更好地满足我国北方城乡广大民众参与冰雪运动的多层次需求，为体验、参与"专业与非专业相结合的户外冰雪趣味活动"[1] 提供冰雪场地，对北方民众参与冰雪运动，特别是青少年儿童冰雪运动偏好的养成，逐步提升北方地区冰雪运动人口，培养区域内冰雪体育产业的潜在消费者，通过有效供给引领内需，具有积极作用和示范效应。"冬夏"公园对北方城乡共享北京冬奥会资源，促进东北、西北以及华北等区域间冰雪体育产业协同发展，进而实现全国各区域内与区域间冰雪体育产业可持续的新均衡也具有重要意义。

第二，我国北方地区，特别是东北、西北地区，冬季冰雪资源丰富，冰雪期相对其他地区更为漫长，冬季开展群众性冰雪体育运动既符合地域特征、又能凸显全民健身的多样性。"冬夏"公园建设是对自然资源最大限度的利用，

---

[1] 蒋国华. 陆昊主持召开省政府专题会议 进一步部署冰雪季体育赛事、冰雪趣味活动、文艺演出产品供给和营销工作 [N]. 黑龙江日报，2016–12–12.

是人与自然融合的典范，是环境约束条件下发展冰雪场地的新道路，是将生态文明注入我国北方城乡冰雪运动文化的基因。

第三，"冬夏"公园的概念与有关学者关于城市景观与户外空间的设计理念相契合。扬·盖尔（2010）从人的行为活动角度对城市景观的活力进行研究，始终坚持着"善待市民和他们珍贵的户外生活"的原则。[①] 凯瑟琳·沃德·汤普森与彭妮·特拉夫罗（2011）提出，人性化包容性设计能够提升人们室外环境活动质量，增强开放空间的吸引力和活力。[②] 随着"冬夏"公园的逐步建设，冬季外出参与冰雪运动民众数量的增加，"冬夏"公园中律动的身影为银装素裹中的北国风光增添新的笔触，为北方城镇冰雪运动文化催生新的内涵，提升了北方城乡冬季活力。

第四，"冬夏"公园强调充分利用自然冰雪资源，利用现有的地形地势，建造与运营管理成本较其他大型冰雪运动场地低。由于"冬夏"公园具有公益属性，对不同年龄段的居民而言，便利性、可达性强，利用率高，对推动民众参与冰雪运动以及广大青少年儿童冰雪运动偏好的养成更具现实意义，社会价值更大。作为公共服务项目，其成本低，社会价值高，可行性更强。

第四节 "冬夏"公园的主要困境与解决方案

一、主要困境

（一）制度困境

通过上述分析可见，"冬夏"公园建设与运营管理主体不确定仍然是其在实践中面临的主要制度困境。就建设与运营的责任主体而言，"冬夏"公园建设主要是对既有公园、绿地、广场的改建，抑或在新建公共空间中加入"冬夏"公园的属性，并进行相应的运营管理。根据我国北方城市公共管理实践，公园、绿地、广场等公共空间的主要建设与运营管理主体是城市建设管理局，

[①] ［丹麦］扬·盖尔. 人性化的城市［M］. 欧阳文，徐哲文，译. 北京：建筑工业出版社，2010：76.

[②] ［英］凯瑟琳·沃德·汤普森，彭妮·特拉夫罗. 开放空间——人性化空间［M］. 章建明，黄丽玲，译. 北京：建筑工业出版社，2011：125.

而冰雪场地的建设与运营管理通常归口体育局（或文体局等，下文统称体育局）。依据两个政府职能部门的职责分工，城市建设管理局作为一级行政主体没有进行冰雪场地设施建设与运营管理的义务与责任，自然缺少对"冬夏"公园建设与运营管理的作为动力。此外，冬季临时冰场、"雪橇"项目坡道的运营管理有一定技术性与风险性，由于城市建设管理局在经费、人员与经验等诸方面的欠缺，加上民众自身缺少秩序意识、安全意识，安全事故时有发生。事故发生后当事人还要向城市建设管理局进行索赔，导致城市建设管理局更不愿成为"冬夏"公园建设与运营管理的责任主体。

就冰雪场地服务供给而言，以哈尔滨市为例，体育局将临时冰场的选址、规划、设计、浇建与运营管理等具体工作交给区级政府的文体科，再由区级政府的文体科与辖区内公园等主体单位进行协商，完成几个公益性临时冰场的具体选址，然后由市级体育局拨款，进行政府集中采购。由于区级政府的文体科人员较少（通常为2～3人），对于现有公益性临时冰场的建设与运营管理已经力不从心，更别说增设其他种类公共冰雪场地设施。但根据国外有关实践分析，"冬夏"公园才是普通民众参与冰雪运动的基础性场地保障措施。由于相关政府职能部门或是没有明确职责，或是没有作为动力，尚未跟上新时代人民群众的需求步伐，因此，"冬夏"公园的建设与运营管理走入了两难的制度困境。

（二）总量困境

"冬夏"公园建设不用毁林，不用人工造雪，没有单独用地需求，绿色环保性以及促进民众参与冰雪运动的有效作用使其具有积极的外部性。"冬夏"公园这种公共冰雪场地设施服务供给的社会价值（social value）要高于仅仅作为访客消费场地设施服务的个体效用（private value），即"冬夏"公园需求曲线将上移，供给曲线不变，"冬夏"公园的实际供给量会明显小于最优供给量，结果导致"冬夏"公园供给不能满足社会需求。从理论上讲，政府可以通过税收解决这一问题，但这种方法可能会引发民众的抵触心理，并不可行。

针对哈尔滨市的相关调研表明，哈尔滨市所有大型景区都设有"冰橇"或"雪橇"项目，这也从一个侧面说明此类项目的受欢迎程度。但受制于距离与门票，这些冰雪运动场地对于哈尔滨市民而言，与全民健身很难建立关系。现实是，很多公园、绿地，包括公园中的自然冰面，已被人们自行开发为"雪橇"项目坡道（香坊区劳动公园、马家沟河畔、道里群力新区丁香公园等)、露天冰场(道里群力新区雨阳公园等)等冰雪场地,在这里锻炼、嬉戏的成年人与青少年儿童很多,与其他公园冬季身影稀疏的景象形成鲜明对照。但自行开发的"雪橇"项目坡道不规范(有些地方坡很陡,两侧缺少围挡)、冰场维护不到位(不能及时清雪、浇冰、冰面伴有杂物)、缺乏科学管理(人流线路混乱,有一定安全隐患),在一定程度上影响了使用效果,有效供给尚不能满足民众需求。

(三)技术困境

国内缺乏基于季相变化在一个公共空间实现不同功能转换的指导性文件,即还没有"冬夏"公园的规划与设计规范。同时,"雪橇"项目坡道等冰雪场地的设计与施工规范和技术标准也属空白。这在技术层面上成为"冬夏"公园建设的又一个重要制约因素。前文已经界定了"冬夏"公园的概念、与公园等公共空间的属性匹配关系、功能定位及场地设施分级,但从理论概念的提出到工程规范与标准的形成,还要经历技术论证与实践检验等若干步骤,要有一个时间周期。而且,由于"冬夏"公园的公益属性,相应规范与技术标准的编制缺少商业"代理人"动力,这也是一个非常现实的挑战。这些因素都会影响"冬夏"公园正式面世的进程。

此外,还缺少一套符合中国国情的"冬夏"公园运营管理办法。"冬夏"公园提供的是冰雪场地设施服务,访客是以参与、体验的形式接受服务。在此过程中,运营管理是体育场地设施服务的有机组成部分。没有运营管理的保障,访客的体验或是效用将会大打折扣,甚至还会有潜在风险。

二、解决方案

供给侧改革已经明确提出,要提高全要素生产率,公共冰雪场地设施服务供给能力与水平的提升同样属于提高全要素生产率的范畴,不断创新公共冰雪场地服务供给的方式与途径才是唯一出路。

(一)制度困境的解决方案

从需求分析到规划设计,再到土地使用权、设施管理权等权属关系以及冰雪场地设施建设与运营管理的连续性等诸多方面来看,在顶层设计尚未将"冬夏"公园的规划、建设与运营管理职能完美整合的情况下,不同政府职能部门间的团结合作是唯一的解决方案。就分工原则而言,应以政府职能部门的职责为依据,以"冬夏"公园的规划、建设与运营管理程序的无缝衔接为要求,以相关制度、规范为工作交接标准。首先，应由体育局依据各地的全民健身计划、冰雪运动推广普及计划等指导性文件对"冬夏"公园进行需求分析。其次，根据"冬夏"公园与既有及规划新建的公园、绿地、广场等公共空间的属性匹配关系、功能定位及场地设施分级，充分利用公共空间在规划时已经考虑了服务人口规模、服务半径、适宜规模、人均指标等要素，确定"冬夏"公园初步规划方案，结合预算安排，会同城市建设管理局编制各级规划，报规划部门审批。最后，依据审批后的规划方案，城市建设管理局负责落实公园、绿地、广场等公共空间在冬季的场地供给，同时"冬夏"公园冰雪场地设施的基础、围护结构、交通道路等，以及夏季景观等功能由城市建设管理局依据相关规划与规范进行建设、维护与管理，冬季冰雪场地设施由体育局进行政府采购，并负责建设、维护与管理工作。这样分工合作，既体现了各政府职能部门的职责特点，又将"冬夏"公园规划、建设与运营管理的所有工作环节进行了有机衔接，实现了各政府职能部门的有效合作，进而破解"冬夏"公园的制度困境。

（二）总量困境的解决方案

"冬夏"公园具有公益性和积极的外部性，但建设资金有限、技术与经验不足、维护与管理人员短缺都是"冬夏"公园建设与发展的障碍。解决方案应从两个方面入手，一是"冬夏"公园发展规模统筹化，二是"冬夏"公园经营模式多元化。

所谓发展规模统筹化主要指"冬夏"公园的发展速度不能过快，要在试点的基础上不断总结规划、设计、施工、运营管理等多方面经验，少走弯路；也不能过慢，以致无法满足人们追求美好生活的需要。因此，在初期，主要是少量试点，既避免了资金压力，又能摸索规律；之后是有计划地逐步推广，既包括对原有公园的改造，也包括新规划公园的建设。以公共资金建设的"冬夏"公园一定要具有典型性，并具有一定规模，服务能够覆盖一定的受众，维护与运营管理又具有标志性，能够起到示范引领的作用。"冬夏"公园发展规模统筹化，在资金安排、技术积累、人员培训、社会效应等方面都更具可行性。

所谓经营模式多元化主要指在公共资金确实无法满足"冬夏"公园建设与运营管理需要时，还可引入"准公共产品"的概念，通过特许经营，引入民间资本，对访客收取一定的费用，增加冰雪场地服务供给。国外城市也有私人属性"雪橇"项目坡道的案例，其设施水平往往更高，服务体验更好。

（三）技术困境的解决方案

积极推动"冬夏"公园由理论概念演变为工程名词的进程。依据《工程建设地方标准化工作管理规定》，建议工程建设行政主管部门尽快拟定"冬夏"公园相关规范和技术标准的编制计划，并具体落实，使"冬夏"公园的规划与建设有法可依。

"冬夏"公园的属性匹配关系、功能定位及场地设施分级应与"冬夏"公园的设计、施工规范与技术标准的具体内容形成对应关系。此外，技术规范中一定要明确工程验收的具体标准，具有可操作性，为不同政府职能部门之间工作的有效衔接创造有利条件。同时，基于"冬夏"公园的公益性，可以通过"人大""政协"提案的方式，推动"冬夏"公园相关规范与技术标准的编制工作，以解决缺少商业"代理人"的问题。中国幅员辽阔，经济、社会、文化等多方面差异较大，统一的规范与技术标准并不一定适用，各地可能还要根据各自的情况编制各省市的规范与技术标准。

根据谁建设谁管理的原则明确运营管理的主体与职责，制定"冬夏"公园运营管理办法，并依据"冬夏"公园的属性匹配关系、功能定位及场地设施分级进行分类管理，具体包括场地设施维护的内容与标准，场地设施的使用方法及相关注意事项，监控措施与手段，访客总量的控制与疏导，安全防范措施的内容与介绍方式等。此外，还可以通过媒体宣传、学校教育等方式，提高在"冬夏"公园健身民众的安全意识、秩序意识、爱护公共设施的意识。由此，一些小型社区"冬夏"公园在典型性"冬夏"公园的示范作用下可以实现居民的"自治"，进而弥补有效公共冰雪场地设施服务供给的不足。

在服务便利性、降低消费者的实际时间与努力成本方面，可以通过相关政府职能部门的官方网站以及移动互联网技术，提供每个"冬夏"公园的具体位置、开放时间、附近停车场信息以及访客须知等，进一步提升公共冰雪场地服务的便利性，提高公共冰雪场地服务的质量与效益。

在系统性解决上述问题较为困难的情况下，可加强市级人民政府统一部署的力度，选择职能部门衔接方便、技术障碍少、有一定群众基础的综合公园或儿童公园、体育健身公园，进行试点。场地供给可由城市建设管理局负责，场地设施的建设与运营管理可由体育局负责。

第七章　体育文化资本演进的全民健身激励效应

——以黑龙江省冰雪体育文化资本为例

第一节　相关概念的界定

一、文化资本的相关概念

余英时（1984）认为，广义上的文化，可以包括人的一切生活方式和为满足这些方式所创造的事物，以及基于这些方式所形成的心理和行为。庞朴（1986）认为文化结构包含三个层面，外层是物的部分，即对象化了的劳动；中层是心物结合的部分，包括关于自然和社会的理论、社会组织制度等；核心层是心的部分，即文化心理状态，包括价值观念、审美趣味等。这三个层面彼此相关，形成一个有机的系统。皮埃尔·布迪厄（1986）将文化资本划分成身体化形态、客观形态及制度形态三种基本形态，亦即文化能力、文化产品和文化体制三种形态，从某种意义上讲，文化结构的三个层面与文化资本的三种形态具有一定的内在联系。还有学者认为文化资本是以财富的形式具体表现出来的文化价值的积累（David Throsby，1999）。任海（2019）提出，体育文化是人类社会体育的观念、知识和制度的复合体。价值观是体育文化的灵魂，知识是其基础，制度是其支撑。上述研究成果为深入了解黑龙江省冰雪体育文化的过去与现在提供了适宜的理论框架。王景富（2009）认为，冰雪文化是指人们在冰天雪地的自然环境从事社会实践过程中所获得的物质生产能力、精神生产能力和以冰雪为载体创造的物质财富与精神财富的总和。李岫儒等（2019）提出，冰雪体育文化可以理解成为不同形式冰雪活动的总和。李波等（2019）认为，冰雪运动文化就是从民间的冰雪嬉戏、生产生活积累并逐渐发展、演变而成的具有本民族特征、风俗、习惯的冰雪运动与文化，强调冰雪文化的自生性、民族性。孙葆丽（2023）认为冬奥文化就是在冬季奥林匹克运动发展过程中所创造出来的物质与精神财富的复合体。尽管上述定义更多地强调了内生性的冰雪文化，忽略了外来冰雪文化的影响，但由此引发的思考进一步丰富了考察黑龙江省冰雪体育文化的视角，有利于更详尽地描述黑龙江省冰雪体育文化资本的内涵与外延。

二、文化资本的演进

皮埃尔·布迪厄与华康德（1998）认为，文化资本的再生产，一靠学前的家庭教育，二靠学校教育。同时，皮埃尔·布迪厄与华康德（1998）还将文化资本视为不同个体、群体的竞争手段，体现了文化资本主动、积极的一面。朱伟珏（2007）认为文化资本的积累并不是通过从无到有的创造性生产实现的，而是主要以传承的方式实现。席丽莎等（2019）认为城市可以通过文化基因进行价值化传承。仇立平（2011）提出，文化资本的改变是通过中介变量——教育发挥作用的，因此，文化资本的传承是文化资本演进的重要内容。但不同主体的文化资本其传承途径、方式各有特点，仍有较大的探索空间。

宫岛乔（2002）认为，文化资本的传承必将受到时间、转换和实践行为这三大因素的制约。侯志涛等（2021）提出，只有当民族传统体育文化传承场域、文化资本、惯习三者协同发展时才能取得良好传承效果，偏于一方都会引起传承的异化状态。周敏（2019）认为，新媒介催生了新型场域，帮助草根群体获得相应的文化资本，进而转化为经济与社会资本，构建了社会流动的新路径。易剑东（2018）认为，从自身独立发展到融入社会全面发展，是中国体育文化今后发展的方向。由此，场域是文化资本传承的重要环境依托，其积极变化也更有助于文化资本的演进。

朱斌（2018）提出，文化抵制理论与文化流动理论的对话对象都是文化再生产理论。与文化再生产理论一样，文化抵制理论也认为学校最终成功实现了"再生产"，但这是经过一番斗争才得到的结果。徐望（2019）认为，文化再生产导致了社会再生产，同时文化发展催生经济发展。王智慧（2021）提出,在新发展阶段体育文化的赓续也要与技术嵌入和现代性紧密结合。王婧文等（2020）认为实现文化自觉是冰雪运动文化传承与发展的根本途径。费郁红等（2019）强调应探索冰雪体育文化自信发展之路。王恒等（2024）提出,坚持民族传统冰雪文化的独特性是保持文化自觉的重要基础。可见,文化资本在其再生产过程中实现了传承与发展,并带来更多的经济发展动能,同时再生产的过程需要不断融入新兴技术,保持文化自觉与自信。不过,与外来文化的交流与合作在文化资本再生产过程中的价值同样需要探讨。因此,上述观点不仅为冰雪体育文化资本的演进机制研究提供了线索、奠定了基础,也打开了新的窗口。

贾春佳等（2017）从生存需要、西方冰雪运动影响到时代变迁探讨了我国冰雪体育文化的发展历程。刘易呈（2014）将我国冰雪文化发展划分为自然生成、应用发展、独立活动、全民参与四个阶段。李波等（2019）从冰雪民俗文化、竞技冰雪文化和大众冰雪文化三个维度分析了我国冰雪体育文化的历史演变进程。陈祥慧等（2021）沿时间轴线刻画了我国冰雪运动历史演进不同时期的特征。这些成果为了解、认识我国冰雪体育发展的历史脉络奠定了重要基础,但研究中体现出的发展阶段划分的个性化、研究维度的多元化也为冰雪体育文化的研究留下诸多未垦之地,黑龙江省冰雪体育文化资本演进的主要动力及工作机制仍有待揭示。

本书在充分借鉴已有研究成果的基础上,以相关环境所构建场域及文化资本的不同形态为维度设定描述变量,以更精细的颗粒度系统表征黑龙江省冰雪体育文化资本不同发展阶段的状态与特点,并以各维度的相关变量为固定框架比较各阶段不同形态冰雪体育文化资本及所处场域的差异性,从不同形态文化资本的内部要素、相互关系、场域等视角探究黑龙江省冰雪体育文化资本进阶演进的动力,力图全面揭示黑龙江省冰雪体育文化资本的演进机制。

第二节 黑龙江省冰雪体育文化资本的具体形式及相关描述变量

一、黑龙江省冰雪体育文化资本的具体形式

皮埃尔·布迪厄（1986）认为,文化资本在形态上表现为一种身体化的

文化资源，是以人的能力、行为方式、语言风格、教育素质、品位与生活方式等形式表现出来的，包括文化能力、文化习性、文化产品、文化制度在内的文化资源的总和。同时，将文化资本划分为具体化形态、客观形态及制度形态三种基本形态，并与文化结构的三个层面建立起一定的内在联系。袁晓婷与陈春花（2006）认为，文化资本是能够带来价值增值的一系列价值观、信念、看法和思维方式的总和，它一方面体现了人类行为的本质特征和决定人类选择的基本依据，另一方面又潜在地制约和影响着制度安排、技术进步及物质利用。

结合文化资本的概念及其具体形态的相关研究成果，本书认为，黑龙江省冰雪体育文化资本包括三种形态。一是冰雪体育具体形态文化资本，指成为个体精神与身体的一部分的，或是群体共同的价值取向与精神追求、并融入群体自身的，与冰雪体育相关的知识、礼仪、技能、品位及感性等文化产物。二是冰雪体育客观形态文化资本，主要指从事冰雪体育运动的相关条件与各种环境，以及相关的产品和服务，如冰雪体育场馆、赛事等。三是冰雪体育制度形态文化资本，指与冰雪体育相关的各种文凭、资格认定证书以及大赛成绩，既包括与冰雪体育教育、培训相关的各种文凭与资格证书，也包括在国内、国际大型冰雪体育赛事（冬奥会等）中取得的优异成绩。

二、黑龙江省冰雪体育文化资本的描述变量

我们根据冰雪体育文化资本的内涵及其三种具体形态，提出黑龙江省冰雪体育文化资本的描述变量。（1）具体形态文化资本包括大众冰雪运动的价值观念与审美情趣、冰雪运动的人口总量与参与水平、黑龙江省相关城市举办（申办）国内或国际大型冰雪体育赛事经验等。（2）客观形态文化资本包括自然冰雪资源禀赋、冰雪运动场地设施的总量与水平、冰雪运动服装与器材的供给能力、冰雪体育课程与俱乐部的总量与水平、冰雪体育赛事的总量与水平、冰雪体育宣传的总量与水平、冰雪体育相关周边产品等。（3）制度形态文化资本包括冰雪体育人才培养体系、冰雪体育项目等级考试制度、黑龙江籍运动员国内外大型冰雪体育赛事成绩等。

此外，描述变量还包括黑龙江省冰雪体育文化资本在各时期的政策环境、国内外同业竞争环境两个场域变量。政策环境包括宏观政策，以及体育的经济、社会、文化价值等。国内外同业竞争环境包括两个方面：一是与国内其他省份冰雪体育文化资本的竞争，指在场域中所处的位置、拥有的资源与能力

等；二是与国际冰雪体育的竞争。

第三节　黑龙江省冰雪体育文化资本的历史变迁

黑龙江省冰雪体育发展大致可划分为四个阶段，第一阶段为新中国成立至改革开放，第二阶段为改革开放至成功举办亚冬会，第三阶段为成功举办亚冬会至北京成功申办冬奥会，第四阶段为北京成功申办冬奥会至今。以下以冰雪体育具体形态文化资本、冰雪体育客观形态文化资本、冰雪体育制度形态文化资本三种形态文化资本，以及各时代的政策环境、国内外同业竞争环境描绘黑龙江省冰雪体育文化资本的历史变迁。

一、第一阶段（新中国成立至改革开放）

1949年10月，全国体育总会第一届代表大会报告指出，为了提倡国民体育，建议政府在公共娱乐场所恢复和建筑体育场，并逐渐充实各种体育设施。[①] 这是中华人民共和国成立以来，首个与体育相关的报告，标志着中国体育事业的发展步入新的开端。1952年6月通过的《中华全国体育总会章程》提出，其任务是制订全国体育运动计划，设计和审查全国重要的运动场地建设及运动用品。1954年5月，《"准备劳动与卫国"体育制度暂行条例》（简称"劳卫制"）在全国范围内推行，体育设施的建设在学校、工厂、企业、部队、农村等各个行业全面展开。[②] 1956年4月，国家体委颁发《基层体育协会示范章程》，要求在行政、工会和青年团组织的帮助下，组织义务劳动，修建运动场地，购置运动设备，保护并修理运动场地及各种运动器械，职工体育活动空前活跃。[③] 此外，"发展体育运动 增强人民体质""锻炼身体 保卫祖国""人生能有几回搏""团结拼搏 为国争光""赛出好风格、赛出新水平"成为

[①] 国家体委政策研究室主编. 体育运动文件选编（1949－1981）[M]. 北京：人民体育出版社，1982：78.

[②][③] 孙成林，王健，高嵩. 建国17年我国体育设施政策研究[J]. 沈阳体育学院学报，2013（6）：70－73，88.

该阶段宣传体育运动的最常用口号,① 也反映了政府、民众倡导体育运动的价值取向。上述报告、条例、章程以及体育口号是第一阶段黑龙江省冰雪体育文化资本发展的政策环境，也为黑龙江省冰雪体育文化资本的发展指明了方向。

1949年，在哈尔滨市道外八区体育场附近的位置浇建滑冰场免费向市民开放，使冰上爱好者有了较为正规的冰上活动场所。1952年，为迎接在哈尔滨举行的东北地区和全国首届冰上运动大会，八区体育场修建了容纳2万观众的全木制看台，原来的运动场成为一处标准的大型滑冰场。全国首届冰上运动会在哈尔滨的成功举办，迅速掀起一股冰上运动热潮。同时也涌现出一大批优秀运动员，如杨菊成、柳玉惠、林振坤等，他们在国内和国际赛场上屡创佳绩，为国争光。1963年，罗致焕在第57届世界男子速滑锦标赛上，以破1 500米赛会纪录的成绩，为中国夺得第一个速滑世界冠军。

1959年，第一届全国冬季运动会成功举办，冰上项目由哈尔滨市承办，新中国冰雪运动开启了崭新篇章。本届冬季全运会黑龙江省获速度滑冰、花样滑冰、冰球3项团体总分第一名，滑雪团体总分第二名。可见当时黑龙江省冰上项目的场地条件优越，人才储备雄厚。1976年1月，第三届全国冬季运动会由哈尔滨市和尚志县（现尚志市）举办，各大项均设少年组，足见对青少年冰雪体育培养的重视。这一阶段只有报纸等传统媒介对冰雪体育项目进行宣传，电视的普及率较低，很少能看到体育赛事的直播，更别说冰雪体育项目了。

从第一阶段黑龙江省冰雪体育文化资本的发展情况来看，具体形态文化资本的发展已经起步，并通过报刊等传统媒介的催化作用，广大群众对冰雪体育运动开始了解、认知、喜爱。与此同时，优越的地理气候条件使得冰雪体育客观形态文化资本快速发展，大量室外滑冰场地的出现，使更多民众可以参与冰雪运动，为培养更多优秀冰雪运动员奠定了重要基础，为取得更多优异成绩创造了条件。在冰雪运动教练员、运动员的共同努力下，冰雪体育制度形态文化资本逐步积累。这一阶段黑龙江省的冰雪运动水平在国内居于绝对领先地位，但与世界冰雪运动强国相比，冰雪体育文化资本的积累仍有较大差距。

---

① 王永安. 新中国体育口号时代特征演变［J］. 北京体育大学学报，2011（12）：10 - 13. 高慧妮，雷万鹏，代鹏晖. 新中国体育口号演变及其功能研究［J］. 体育科技，2021（1）：53 - 55.

二、第二阶段（改革开放至成功举办亚冬会）

1980年12月，国务院原则同意并下发了《国家体委关于加强冰雪体育运动项目的请示报告》，该请示报告是在我国冬奥会代表团参加完第十三届冬奥会（1980年于美国普莱西德湖举办）之后向国务院提出的，具体包括广泛开展群众性的冰雪运动，形式要多种多样、简便易行；逐步建设一定数量的冰雪运动场地等。1984年10月，中共中央下发《关于进一步发展体育运动的通知》。该通知指出，三十五年来体育战线取得的重大成就，为祖国争得了荣誉，极大地激发了人民群众的民族自豪感和自信心，鼓舞了海内外中华儿女的爱国热情，扩大了我国的国际影响；大力普及体育知识，吸引广大群众积极参加体育锻炼。在此期间，"冲出亚洲　走向世界""顽强拼搏　为国争光"的呼声展现了爱国情怀和锐意进取的开放精神，"全民健身　重在参与"的理性诉求体现了"人本体育"时代的到来。[①] 这一阶段，中共中央、国务院对体育、体育文化，甚至冰雪体育文化的价值及多种功能有了新的定位，并通过相关文件支持包括冰雪运动在内的体育事业的发展。

1978年，黑龙江省"百万青少年上冰雪活动"如火如荼地开展，各地的大中小学校纷纷浇建冰场，冰雪运动的场地设施条件得到了较大的改善，广大民众，特别是青少年有了更好地参与冰雪体育运动的条件和机会。当时的人才培养体系主要是学校、业余体校、体工队，还没有俱乐部，冰雪体育赛事体系也尚未构建。此外，随着电视的兴起，冰雪体育赛事转播进入人们的视野。1985年，首届哈尔滨冰雪节成功举办（后更名为"哈尔滨国际冰雪节"），为多层次冰雪体育赛事的举办、冰雪运动的广泛参与提供了更广阔的平台。这一阶段，还产生了一批在世界范围内颇有影响的黑龙江籍运动员。1988年加拿大卡尔加里冬奥会女子短道速滑表演赛，李琰获得1 000米金牌，500米、1 500米铜牌；1992年法国利勒哈默尔冬奥会，获得女子短道速滑500米银牌。1990年加拿大卡尔加里速滑世锦赛，王秀丽获女子1 500米金牌，她是中国第一位世锦赛女子速滑冠军。1993年挪威利勒哈默尔速滑世锦赛，宋臣获男子500米金牌。1994年加拿大卡尔加里速滑短距离世锦赛，薛瑞红获女子

---

① 王永安. 新中国体育口号时代特征演变［J］. 北京体育大学学报，2011（12）：10－13. 高慧妮，雷万鹏，代鹏晖. 新中国体育口号演变及其功能研究［J］. 体育科技，2021（1）：53－55.

全能铜牌，打破女子全能世界纪录，成为中国第一个刷新速滑世界纪录的女选手。

1996年亚洲冬季运动会（亚冬会）成功举办，哈尔滨新改扩建大批冰雪体育场馆。亚洲奥委会主席法赫德给出这样的评价："哈尔滨在两年多的时间里完成了通常需要四至六年才能完成的大赛筹备工作，创造了奇迹！"① 1983年，中国第一座综合性滑冰馆——黑龙江省冰上训练中心速滑馆在哈尔滨建成，第三届亚冬会期间承担短道速滑、花样滑冰、冰球赛事任务；哈尔滨市冰球馆建于1993年，经改扩建后成为第三届亚冬会的主会场；黑龙江省速滑馆在原露天速滑冰场基础上扩建，成为第三届亚冬会速度滑冰场馆。中国体育代表团在本届亚冬会上夺得金牌和奖牌总数第一的好成绩，首次登上亚冬会盟主的宝座。黑龙江省和哈尔滨市人民表现出了空前的凝聚力和向心力，在这块曾孕育了"大庆精神""铁人精神""北大荒精神"的土地上，又诞生了感人至深的"亚冬会精神"。

从第二阶段黑龙江省冰雪体育文化资本的发展情况来看，广大群众对冰雪体育运动有了更深刻的认识，第三届亚冬会掀起了参与冰雪运动的更高热潮，民众追求冰雪运动多样性的趋势初步显现，具体化冰雪体育文化资本不断丰富；冰雪体育客观形态文化资本进一步发展，更多符合国际赛事标准的冰雪体育场馆建成，供给水平升级，也为举办国际性大型冰雪体育赛事创造了条件；电视转播的出现使人们对冰雪体育项目的魅力、多样性有了更深刻的认识；更多优秀冰雪运动员陆续涌现，冰雪体育人才培养模式初步建立，冰雪体育制度形态文化资本有了进一步的积累。这一时期黑龙江省冰雪体育文化资本在全国独领风骚。同时，中国迎来改革开放、以经济建设为中心的新局面，经济发展与体育事业的用地冲突、个人利益与集体利益的矛盾时有显现，这些冲突与矛盾也给人们带来种种困惑。此外，冰雪运动领域也在努力尝试与世界开展交流与合作，取得了一定的积极成果。

三、第三阶段（成功举办亚冬会至北京成功申办冬奥会）

1995年6月，国务院发布《全民健身计划纲要》，提出全面提高中华民族的体质与健康水平，基本建成具有中国特色的全民健身体系。1995年10月，

---

① 郭涛. 愿圣火不熄——第三届亚冬会回眸 [J]. 新青年，1996（3）：4-6.

《中华人民共和国体育法》开始施行,积极发挥了体育法治的引领与保障作用。2002年7月,在北京申奥成功的背景下,《中共中央 国务院关于进一步加强和改进新时期体育工作的意见》下发,明确提出要充分认识体育在经济、社会发展中的重要地位和作用;体育产业的发展明显加快,已经成为国民经济新的增长点。2009年10月,《全民健身条例》开始施行,促进了全民健身活动的开展,保障公民在全民健身活动中的合法权益,提高公民身体素质。2011年2月,《全民健身计划(2011—2015年)》发布,旨在丰富人民群众精神文化生活,形成健康文明的生活方式,提高全民族身体素质、健康水平和生活质量,促进人的全面发展,促进社会和谐和文明进步,努力奠定建设体育强国的坚实基础。2014年10月,《国务院关于加快发展体育产业 促进体育消费的若干意见》发布,进一步明确体育产业对其他产业的显著带动作用,成为推动经济社会持续发展的重要力量。此外,2004年全国高校体育工作座谈会上提出的"每天锻炼一小时,健康工作五十年,幸福生活一辈子"成为高校体育的主旋律,也在全社会引起了积极反响。

在此阶段,原国家体委发布了《奥运争光计划纲要(1994—2000年)》、国家体育总局还相继发布了《2001—2010年奥运争光计划纲要》《2011—2020年奥运争光计划纲要》,核心思想是以人才强体为支撑,以创新驱动为关键,以促进人的全面发展为核心,以建设体育强国为目标,实施"奥运战略",建立与中国特色社会主义经济、社会发展相适应的竞技体育体制和运行机制,促进我国竞技体育全面协调可持续发展。此外,职业体育也首次出现在《2011-2020年奥运争光计划纲要》中。虽然这一阶段时间跨度较长,但第1期《奥运争光计划纲要》发布于1995年7月,与第三届亚冬会举办时间相差无几,第3期《奥运争光计划纲要》发布于2011年4月,比北京成功申办2022年冬奥会还早4年多。因此,这三期《奥运争光计划纲要》的发布实施对于此阶段黑龙江省冰雪体育文化资本的影响最大。从这三期《奥运争光计划纲要》可以看出,优化竞技体育体制与机制是具体路径,"科教兴体"是工作方针,强调对投资效应进行评价是控制手段,核心目标还是满足人民日益增长的体育需求,逐步建设体育强国。竞技体育体制与机制改革方面,将社会主义市场经济与竞技体育体制机制相融合是最好的选择。两者的融合离不开职业体育。

2001年北京申奥成功,2008年北京成功举办奥运会,这让人们对奥运会、对体育、体育经济、体育文化有了更深刻的认识,也对冬奥会有了更多的期盼。虽然哈尔滨经历了申办2010年冬奥会、2012年首届青年冬奥会的失利,但 2009 年成功举办了世界大学生冬季运动会，黑龙江省民众对冰雪运动的热情异常高涨，冰雪体育文化深入人心，冰雪运动成为黑龙江省人民社会生活的一部分。此外，通过对标冬奥会这样的全球顶级冰雪赛事，人们对于全球冰雪运动的发展现状与趋势有了更深入的了解，对冰雪运动的多样性有了更全面的认识，国际交流与合作得到进一步加强。

随着世界大学生冬季运动会的成功举办，高标准的冰雪运动场馆进一步增加。例如在世界大学生冬季运动会期间，除充分利用第三届亚冬会的场馆外，还新建了国际会展体育中心体育馆、哈尔滨理工大学滑冰馆、哈尔滨体育学院大学生滑冰馆、亚布力滑雪中心跳台滑雪场、帽儿山滑雪场等。同时，在哈尔滨申办冬奥会失利后，陆续举办了一系列的短道速滑、速度滑冰的世界杯分站赛事，哈尔滨、亚布力的国际知名度不断攀升。体育赛事转播的进一步兴起，使冰雪体育运动的影响范围进一步扩大，特别是 2002 年盐湖城冬奥会杨扬实现中国冬奥会金牌"零"的突破，使冰雪运动在广大民众中产生巨大影响。此外，冰雪运动器材也有了一定程度的发展，齐齐哈尔生产的"黑龙"品牌系列冰雪器材受到广大学生、冰上运动爱好者的青睐。在此阶段，还涌现出一大批冰雪运动名将，如杨扬在 2002 盐湖城冬奥会实现中国冬奥会金牌"零"的突破，王濛独揽冬奥会短道速滑 4 枚金牌，申雪、赵宏博首夺花样滑冰双人滑冬奥会冠军，张虹实现冬奥会速度滑冰金牌"零"的突破，还有在冰雪项目世锦赛中奋勇"夺金"的王曼丽、庞清、佟健、王北星、于凤桐、李妮娜、王冰玉等一大批不同冰雪项目的优秀运动员。

与此同时，其他省份的冰雪运动也在蓬勃发展。1999 年、2012 年全国冬季运动会分别由长春市和吉林市举办，2003 年瓦萨滑雪节落户长春，2007 年长春成功举办亚冬会，北大湖滑雪场承担了亚冬会雪上项目的赛事。2009 年，万达投资建设万达长白山国际滑雪度假区；2014 年，万科投资建设万科松花湖滑雪度假区。社会资本的投入进一步提升了吉林省雪上项目的硬件条件，同时也带走了相当一部分市场份额。吉林省冰雪体育设施的持续建设为其冰雪体育文化资本的积累与发展奠定了重要基础，并与黑龙江省冰雪体育文化资本形成有力竞争态势。室内体育场馆的大量兴建，也为广大青少年在冬季参与全民健身提供了更多可行选项。

从 2009 年起，北京鸟巢定期举办大跳台（Big Air）国际极限滑雪挑战赛，2010 年温哥华冬奥会该项目尚未列为冬奥会项目，而 2022 年北京冬奥会已经成为冬奥会正式比赛项目。可以看出，国际奥委会（International Olympic Committee，IOC）对世界冰雪体育项目及冰雪体育文化的发展趋势非常敏感，总能将最热门、最吸引年轻人的冰雪体育项目列为竞赛项目。对于国际奥委会而言，这既是对自身冰雪体育文化资本的积累，又是对全球冰雪体育运动、冰雪体育文化的引领。从这个角度来讲，黑龙江省对全国冰雪体育文化的引领步伐似乎越走越慢。

从第三阶段的黑龙江省冰雪体育文化资本的发展情况来看，冰雪运动已经为大众所熟知，广大民众对冰雪体育文化有了很强的认同感，冰雪运动进一步融入民众的社会生活，体育的经济价值得到进一步确认。高水平冰雪体育场馆有了进一步的发展，可以承接各类型国际性冰雪体育赛事，冰雪运动的多样性也得到了进一步的展现，加上电视转播的作用，冰雪体育客观形态文化资本迈上一个新台阶。更多世界级的优秀冰雪运动员持续涌现，冰雪体育人才培养模式的探索初见成效，冰雪体育制度形态文化资本成果显著。但是就竞技体育的体制与机制而言，冰雪体育项目并没有大的作为，无论是宏观方面还是微观层面的原因，均在一定程度上制约了黑龙江省冰雪体育文化的发展，影响了冰雪体育文化资本的积累。虽然从时间的先后看，黑龙江省冰雪体育文化资本仍是在向前发展与演进，但与国内其他省份比较而言，差距在逐渐缩小，甚至有被赶超的趋势。如果说在前两个阶段，黑龙江省冰雪体育文化资本尚可引领全国冰雪体育文化的发展方向，到了第三阶段，这种引领地位已经被动摇。

四、第四阶段（北京申办冬奥会成功至今）

2015年7月，北京联合张家口申办2022年冬奥会成功，对中国的冰雪运动、冰雪体育文化、冰雪体育产业产生了深刻影响。2016年11月，国家体育总局联合相关部委，连续发布《冰雪运动发展规划（2016—2025年）》《全国冰雪场地设施建设规划（2016—2022年）》《群众冬季运动推广普及计划（2016—2020年）》三个规划与计划，核心思想是把发展冰雪运动、提高人民健康水平作为根本目标，不断满足人民群众日益增长的冰雪运动需求，"带动3亿人参与冰雪运动"；极大提升全国冰雪场地设施有效供给，推动冬季群众体育运动开展，传播积极健康的生活方式，引领全民健身新时尚。2019年3月，中共中央办公厅、国务院办公厅印发《关于以2022年北京冬奥会为契机大力发展冰雪运动的意见》，提出：力争到2022年，我国冰雪运动总体发展更加均衡，普及程度明显提升，参与人数大幅增加，冰雪运动影响力更加广泛；

冰雪运动竞技水平明显提高；冰雪产业蓬勃发展，产业规模明显扩大，结构不断优化，产业链日益完备。

2016年10月，中共中央、国务院印发《"健康中国2030"规划纲要》，提出要提高全民身体素质，积极发展健身休闲运动产业。2022年3月，中共中央办公厅、国务院办公厅印发《关于构建更高水平的全民健身公共服务体系的意见》，提出：以增强人民体质、提高全民健康水平为根本目的，深入实施全民健身国家战略，全面推进健康中国建设，构建更高水平的全民健身公共服务体系。此外，2016年6月和2021年7月，国务院分别发布《全民健身计划（2016—2020年）》《全民健身计划（2021—2025年）》，目标是群众体育健身意识普遍增强，参加体育锻炼的人数明显增加，全民健身公共服务体系更加完善，全民健身的教育、经济和社会等功能充分发挥，成为促进体育产业发展、拉动内需和形成新的经济增长点的动力源。2019年9月2日，国务院办公厅发布《体育强国建设纲要》，提出：大力推动全民健身与全民健康深度融合，更好发挥举国体制与市场机制相结合的重要作用，不断满足人民对美好生活的需要，努力将体育建设成为中华民族伟大复兴的标志性事业。在此阶段，"体育强国""健康中国"也成为体育界的最强音。

这一阶段受北京成功申办冬奥会及相关国家利好政策的积极影响，黑龙江省除继续开展"百万青少年上冰雪"活动外，还从2016~2017年冰雪季开始积极开展"赏冰乐雪"系列活动，该活动成为我国参与人次最多的省级冰雪体育系列赛事活动；同时，87%的学校开设冰雪体育课程，促成全省冰雪运动参与率达58%，居全国首位，体现出民众共同的价值取向与精神追求。2016~2022年，哈尔滨共新建10座气膜冰场，每年浇建临时冰场70余处，营造30分钟冰雪健身圈，为广大民众提供了更为便捷的冰雪场地设施。商业综合体中不断出现冰雪场馆（如西城红场、王府井、红博会展中心、融创茂等），世界最大的室内滑雪场落户哈尔滨（哈尔滨热雪奇迹）。同时，冰雪俱乐部大量兴起，社会培训机构不断壮大，成为冰雪体育文化资本传承的重要力量。运动员培养体系已经构建，新生代运动员不断涌现：武大靖获2018年平昌冬奥会短道速滑500米冠军，任子威获2022年北京冬奥会男子短道速滑1 000米冠军，范可欣、曲春雨、武大靖、任子威获2022年北京冬奥会短道速滑2 000米混合接力冠军，隋文静、韩聪获2022年北京冬奥会花样滑冰双人滑冠军。

2022年北京冬奥会彻底改变了中国冰雪运动的版图和冰雪体育产业的格局。北京市、河北省异军突起，对标冬奥会的高标准场馆，其功能、规格都远超其他冰雪运动场馆，成为我国冰雪体育场馆新标杆。就赛事水平而言，作为全球冰雪体育项目顶级赛事，北京冬奥会极大提升了观众欣赏竞技冰雪运动的水准。就规模而言，虽然黑龙江省在滑雪场的数量上还占有一定优势，但是无论是接待滑雪访客数量，还是场地面积、雪道长度、脱挂式架空索道数量等硬件条件均不占优势，吉林（北大湖、松花湖、长白山等）、河北（太舞、云顶、万龙、富龙等）均领先于黑龙江，新疆（可可托海、丝绸之路、将军山等）也奋力追赶。就地域而言，全国各地均开始建设室内冰场，2022~2023年第一次国家花样滑冰线上等级测试中，就有全国31个城市的俱乐部选派运动员参加，花样滑冰等级测试由以黑龙江省运动员为主体逐渐发展到全国范围的运动员广泛参与。

从第四阶段黑龙江省冰雪体育文化资本的发展情况来看，北京冬奥会及相关利好政策进一步激发了广大民众参与冰雪运动的热情。冰雪运动已经与健康的生活方式、社会生活的新时尚、全民健身的可行选项紧密地联系起来，黑龙江省冰雪体育文化资本的内涵与外延不断扩大。随着新兴技术的迅猛发展，特别是自媒体的飞速发展，冰雪体育文化也在以裂变方式传播，冰雪体育文化资本持续演进。此外，移动互联网的兴起使社会文化多样性进一步丰富，这对于冰雪体育文化发展既是重大机遇，也是严峻挑战。在政府与社会力量的共同努力下，冰雪体育场馆总量增长迅速，可达性、便利性更强，更利于民众参与冰雪运动；冰雪运动学校与俱乐部快速发展，冰雪体育赛事虽未形成体系，但日益丰富，冰雪体育客观形态文化资本的积累呈快速增长趋势；人才培养体系不断完善，冰雪运动等级考试制度逐渐步入正轨，新生代冰雪名将层出不穷。

作为冰雪体育强势文化的代表，冬奥文化引领了我国冰雪运动现阶段的发展。国人开放的心态、国际交流途径的多元化，使人们可以更方便全面地了解世界冰雪运动的总体水平、冰雪体育文化的最新发展趋势，使冰雪运动成为人们社会交往、休闲健身的新时尚。无线网络、短视频、智慧教学等新兴技术促发供给侧创新，进一步推动着冰雪运动的需求升级。在北京冬奥会的积极影响下，尤其是在利好政策的指引下，社会资本踊跃参与冰雪体育产业，使黑龙江省冰雪体育客观形态文化资本的既有优势消失殆尽。总之，与其他省份冰雪体育文化资本相比，黑龙江省冰雪体育文化资本已无明显竞争优势。

第四节　黑龙江省冰雪体育文化资本历史变迁的主要力量与演进机制

一、黑龙江省冰雪体育文化资本历史变迁的主要力量

通过对黑龙江省冰雪体育文化资本四个阶段历史变迁的系统梳理，依据不同形态的冰雪体育文化资本及相关描述变量，提出黑龙江省冰雪体育文化资本历史变迁的主要力量（见表7-1）。

表7-1　黑龙江省冰雪体育文化资本历史变迁的主要力量

文化资本形态	描述变量	主要力量
政策环境	政府相关部门的指导思想与工作方针，体育、冰雪体育在经济、社会、文化发展中的多元价值	体育文化氛围
黑龙江省冰雪体育具体形态文化资本	冰雪体育项目的价值观念、审美情趣	冰雪体育项目吸引力
	冰雪体育运动的人口总量与参与水平	大众冰雪运动惯习
	黑龙江省相关城市申办、举办国内、国际性大型体育赛事经验	大型冰雪体育赛事组织能力
黑龙江省冰雪体育客观形态文化资本	地理气候条件	资源禀赋（影响逐步减小）
	冰雪运动场地设施的总量与水平	场地设施供给能力
	冰雪运动服装与器材的总量与水平	服装器材供给能力（影响逐步减小）
	学校冰雪体育课程与冰雪运动俱乐部的总量与水平	教育供给能力
	冰雪体育赛事的总量与水平	冰雪体育赛事体系承载力
	冰雪体育宣传的总量与水平	宣传力度
	冰雪体育相关周边产品等	冰雪体育创意产品开发能力
黑龙江省冰雪体育制度形态文化资本	人才培养体系	人才培养能力
	等级考试制度	人才培养激励机制
	黑龙江籍运动员的国内外赛事成绩	制度成果
同业竞争环境	域内外同业中所处位置、拥有资源与能力等情况，包括冰雪体育竞技、产业、文化等方面	域内外影响力

冰雪体育具体形态文化资本涉及的冰雪体育项目吸引力是指冰雪体育项目自身的魅力及其对受众的影响力；大众冰雪运动惯习既反映了个体参与的主观性，又反映了共同参与的客观性，是一种参与冰雪运动的集体心态，也是冰雪体育实现家庭教育、学校教育、社会教育的重要文化引领；大型冰雪体育赛事组织能力为构建完备的赛事体系提供了有效指引。

客观形态冰雪体育文化资本涉及的资源禀赋是由客观环境条件决定的，但随着工程技术的不断进步，人造冰场、雪场在各地逐步兴建，其影响力已越来越小，资源禀赋的约束作用也在逐步消失。场馆设施供给能力非常重要，是完成学校冰雪体育教育、社会冰雪体育教育乃至家庭冰雪体育教育的重要基础，更是高水平竞技体育的重要支撑。不过，场馆设施供给能力可通过短期大量资金投入加以改善，进而加速一个地区客观形态文化资本的积累。由于电子商务、在线营销的迅猛发展，冰雪运动服装、器材供给能力不再是地区性冰雪运动发展的重要障碍，对地区性冰雪运动文化的影响正逐步减弱，但本土冰雪运动服装、器材品牌对于冰雪体育文化自信仍具有重要影响。无论是源于教育体系中的学校，还是源于社会力量的俱乐部，冰雪体育教育供给能力是实现冰雪体育文化资本传承的重要力量。冰雪体育赛事体系承载力是由最高等级赛事水平和各等级赛事容量水平两个方面的因素共同决定的。一方面，最高等级赛事水平越高，越能够展现冰雪体育项目的魅力，对受众越具吸引力，同时标志着赛事举办地对最高水平赛事具有吸引力；另一方面，各等级赛事容量越大，各等级运动水平、年龄层次的大众参赛机会越多，对全民健身推动作用力就越强，同时，也体现出当地冰雪体育文化氛围越浓。宣传力度是指对冰雪体育赛事、项目宣传报道的频次与质量，宣传力度越大，对冰雪体育文化的影响就越大。由于媒体技术、媒体业态发展迅猛，宣传报道既可以借助传统媒体，也可以借助自媒体，且自媒体已经成为冰雪体育宣传的重要新兴力量。冰雪体育创意产品开发能力是对冰雪体育文化进行艺术再创作的能力，是将冰雪体育文化资本转化为经济资本的重要力量。

冰雪体育制度形态文化资本中的人才培养能力既包括对高水平运动员的培养能力，也包括高水平运动员退役后融入社会的能力，更包括对冰雪运动爱好者终身参与冰雪运动的规划指导能力；人才培养激励机制是冰雪体育制度形态文化资本的重要组成部分，是激励民众持续参与冰雪体育运动的重要力量；制度成果是冰雪体育制度形态文化资本积累的结果，同时对冰雪体育制度形态文化资本又起到维护、证明的作用。

如图7-1所示，冰雪体育具体形态文化资本、冰雪体育客观形态文化资本、冰雪体育制度形态文化资本间形成了相互引导与支撑的力量。具体形态文化资本为客观形态文化资本、制度形态文化资本提供引导，也就是说，个体及群体的运动偏好、价值取向、审美情趣等，决定了客观形态文化资本、制度形态文化资本的发展方向。同时，制度形态文化资本也为客观形态文化资本提供有效指引，也就是说，公众认可的制度形态文化资本，即相关的冰雪运动成绩、冰雪运动文凭会有效促进客观形态文化资本的积累与发展。与此同时，客观形态文化资本为具体形态文化资本、制度形态文化资本提供了物质基础、重要支撑；制度形态文化资本也为具体形态文化资本提供重要支点，帮助具体形态文化资本积累与创新。

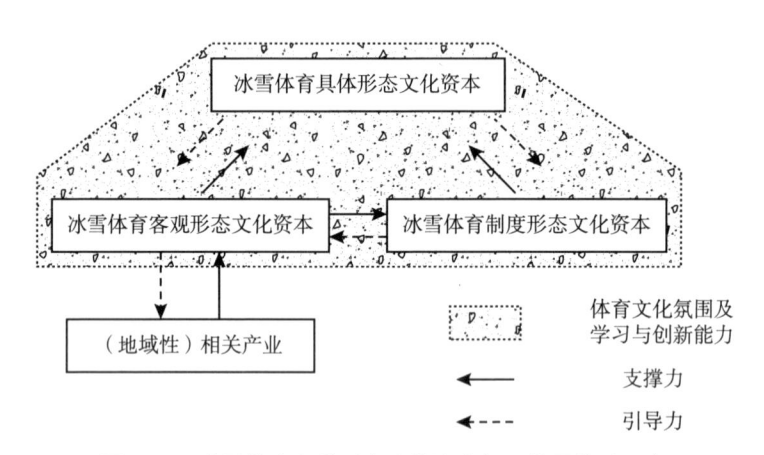

图7-1 冰雪体育各种形态文化资本相互作用关系示意

体育文化氛围及学习与创新能力是指政策环境、域内外同业竞争环境，以及在此环境下形成的学习与创新能力。地域性相关产业对客观形态文化资本起支撑作用，反过来，客观形态文化资本对地域性相关产业起引导作用。需要指出的是，由于新兴技术的发展、商业模式的变革，相关产业的地域性特征正逐步减弱。

二、黑龙江省冰雪体育文化资本演进机制的构建

黑龙江省冰雪体育文化资本四个阶段的发展，以冰雪体育客观形态文化资

本为基础，以冰雪体育制度形态文化资本为激励与保障，以冰雪体育具体形态文化资本为内驱动力，形成了冰雪体育文化资本传承与发展的重要力量。从横向比较来看，黑龙江省冰雪体育文化资本在国内居于引领地位时，要么是基于冰雪资源禀赋形成的自然优势，要么是引入国际性大型冰雪体育赛事形成的领先优势，要么是推出了创新性活动（百万青少年上冰雪活动、哈尔滨冰雪节等）形成的内生优势。基于自然冰雪资源禀赋的优势会随着科技进步、资本投入而消散，基于国际性大型冰雪体育赛事的领先优势在其他省份引入时也会消失，只有基于创新性活动的内生优势，才是推动冰雪体育文化资本持续发展的不竭动力，这也是黑龙江省冰雪体育文化资本在前两个阶段居于领先地位而在后两个阶段被超越的重要原因。

现阶段，黑龙江省冰雪体育文化资本寻求内部创新发展有两种方式。一种是进行有组织创新，即组织"百万青少年上冰雪活动"等创新性冰雪体育活动，特别是构建自主知识产权的冰雪体育赛事，引导大众积极参与冰雪运动，或大力推动民族传统冰雪体育的项目化、产业化，实现冰雪体育文化资本的发展。另一种是个体创新，即通过全民健身平台，凸显大众对冰雪体育的个性化表达，丰富冰雪体育文化资本，实现冰雪体育文化资本的创新。但是，无论哪种创新，都需要经济、人力、资源等各方面的巨大投入，需要市场机制的调节作用。当然，这些投入也能够产生回报。同时，还要意识到，无论是冰雪体育文化资本的传承还是创新，都要依托相应的场域，既包括相关职能部门对冰雪体育的政策指导，也包括经济、政治、文化等环境的影响。上述三种形态冰雪体育文化资本在场域内的传承与创新，推动黑龙江省冰雪体育文化资本的持续演进。

推动黑龙江省冰雪体育文化资本向前发展的不仅有其内部力量，还有外部场域的同业竞争。外部场域的同业竞争包括两个维度，一个维度是国内场域的同业竞争，即与其他省份冰雪体育文化资本的竞争关系（在场域中所处位置、拥有资源与能力等情况），具体包含冰雪体育竞技层面的竞争、冰雪体育产业层面的竞争，也包括冰雪体育文化层面的竞争等。在国内场域的同业竞争中，职业体育最具竞争性，也最能刺激冰雪体育文化资本的创新发展。但是，如前所述，职业体育的发展同样需要多种条件，虽然国内冰球职业联赛等职业体育赛事已经启动，但能对冰雪体育文化资本起到多少激励作用，还要拭目以待。另一个维度是国外场域的同业竞争，即与国际冰雪体育文化资本间的竞争关系。其实，只要在一个场域中，就会有相互比较和竞争。黑龙江省冰雪体育文化资本与国际冰雪体育文化资本相比，虽然有一定特色［主要体现在客观形态文化资本（个别冰雪体育场馆等）、制度形态文化资本（部分冰雪体育项目的国际大赛成绩）等方面］，但总体上仍处于劣势地位［包括客观形态文化资本（如冰雪体育场馆数量），制度形态文化资本（如冰雪体育大项的国际大赛成绩）］，追踪与学习仍是主要任务。黑龙江省冰雪体育文化资本演进过程中，举办国际性大型冰雪体育赛事（亚冬会、世界大学生冬季运动会），就是与国际冰雪体育的交流与合作，北京举办冬奥会，长春举办亚冬会，也是与国际冰雪体育的交流与合作。这些交流与合作是促进当地冰雪体育文化资本积累与发展的重要力量。需要明确的是，虽然冬奥会代表了世界冰雪体育文化的集大成者，但是，这并不意味着，黑龙江乃至中国只能学习冬奥会冰雪体育文化。黑龙江需要有自己的冰雪体育文化自信，实现冰雪体育文化的自强。比如"哈尔滨冰雪节"就已经演进为蜚声海内外、举世瞩目的"哈尔滨国际冰雪节"，与日本札幌冰雪节、加拿大魁北克冬季狂欢节、挪威奥斯陆滑雪节齐名，用其自身的魅力影响着整个世界。

分析黑龙江省冰雪体育文化资本历史变迁的各影响因素及其作用力，可以看出，就内部场域而言，黑龙江省冰雪体育文化资本的演进既要依托内部影响因素及其所处场域所决定的冰雪体育文化资本的传承力量，又要依靠内部影响因素及其所处场域所决定的冰雪体育文化资本的创新动能。与此同时，国内外场域的同业竞争既影响了冰雪体育文化资本的竞争能力，又决定了冰雪体育文化资本的合作水平。由此，黑龙江省冰雪体育文化资本的演进机制由传承、创新、竞争、合作四种力量形成，具体关系如图7-2所示。

黑龙江省冰雪体育文化资本持续演进与发展的最重要内生力量是基于内部场域的传承与创新，最重要的外部力量是基于外部场域的同业竞争与合作。需要指出，相关政策已融入内外部场域。因此，提升黑龙江省冰雪体育文化资本的演进高度，加快黑龙江省冰雪体育文化资本的演进速度，就要从这四种力量入手，夯实黑龙江省冰雪体育文化资本的传承基础，提高冰雪体育文化资本的创新水平，培育冰雪体育文化资本的竞争能力，强调冰雪体育文化资本的跨域合作，进而不断激发黑龙江省冰雪体育文化资本的演进与发展，使黑龙江省冰雪体育文化资本与经济资本、社会资本形成良性互动，为黑龙江省冰雪体育项目的高水平发展、冰雪体育产业的高质量发展提供有力支撑。

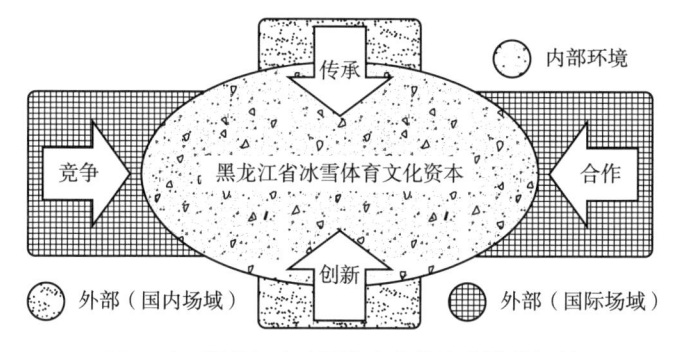

图 7-2　黑龙江省冰雪体育文化资本演进机制

第五节　黑龙江省冰雪体育文化资本演进的全民健身激励效应

一、冰雪体育文化资本演进对偶尔参与全民健身的客户群的激励效应

冰雪体育文化资本在演进的过程中，以各种形态的文化资本潜移默化地影响着广大民众，让民众感知、认识、了解冰雪体育，熟悉冰雪体育，并在亲属、同学、朋友、伙伴以及相关社会组织（如体育老师、冰雪运动社会体育指导员、冰雪运动俱乐部）的带动下，借助居所周边的、各类型、各级别的冰雪运动场地设施，由体验冰雪运动、参与冰雪运动，再到喜爱冰雪运动，完成由冰雪运动的"小白"到冰雪运动爱好者的蜕变之路。在此过程中，冰雪体育文化资本的传承始终发挥着重要作用，这也是冰雪体育文化资本对偶尔参与全民健身的客户群最重要的激励效应。

偶尔参与全民健身的个体愿意与家庭成员、同学、朋友、伙伴参与冰雪体育运动，最重要的原因是这些个体（特别是新生代），需要与其他人进行社交，同时提升健康水平，拓展体育技能。因此，提升健康水平、提高体育技能、适应冰雪环境、扩大社交范围与场景等，成为个体偶尔参与冰雪运动健身的重要动因。

偶尔参与全民健身的个体（包括新生代）还需要家长、体育老师，以及社会体育指导员、专业教练员的培训、指导，还要有冰雪体育客观形态文化资本的积累作为物质保障，有冰雪体育制度形态文化资本作为精神激励。这样才能促成更多个体或民众接触冰雪体育项目，并将其作为全民健身的选项之一。

此外，冰雪体育文化资本的域外合作，如国外高水平冰雪体育赛事的转播、国外冰雪体育表演项目，以及青少年冰雪联谊活动等，也会在一定程度上提升大众（特别是青少年）对冰雪运动的感知和了解，拓展青少年冰雪体育社交中的话题，并激励更多青少年参与冰雪运动。

因此，在冰雪体育文化资本演进的过程中，以域内传承、域外合作促进冰雪体育项目的普及与推广，就是以满足个人内在的健康、社交需求、价值认同来激励偶尔参与全民健身的客户群。

二、冰雪体育文化资本演进对经常参与全民健身的客户群的激励效应

冰雪体育文化资本以其演进的动能激励经常参与全民健身的客户群。经常参与全民健身的客户群本身就具有全民健身的偏好，但这类客户群持续参与全民健身的内在动机是什么？冰雪体育文化资本域内的创新以及域外的竞争可以给出答案。

经常参与全民健身的个体能够持续性地参与冰雪运动，不仅具备了一定冰雪运动技能，还能够在冰雪运动中得到相应的乐趣和益处，进而在内心也得到一份满足。由此，经常参与冰雪运动的健身者，更愿意挑战在冰雪运动中的新高度、新速度、新难度，进而赢得更多的尊重，并不断地完成自我价值实现，这是保持、提升经常参与冰雪运动客户群总量的最重要内在动因。

冰雪体育文化资本域内创新通过三条途径实现。（1）群众体育以彰显个性化的项目完成创新，这也是参与冰雪运动健身者不断完成自我挑战、不断完成自我价值实现的过程。（2）对冰雪体育赛事体系进行创新，使冰雪体育赛事有更大的承载能力，更多经常参与全民健身的客户群可以通过持续参与冰雪体育赛事取得更好的成绩，赢得更多的尊重，完成更多的挑战。（3）竞技体育的强势发展，特别是职业冰雪体育的持续创新，也将进一步反哺群众体育，成为冰雪体育文化资本积累的重要源泉。

冰雪体育文化资本域外的竞争，主要是通过高水平赛事，包括职业体育赛事、国际性大型体育赛事等。通过域内外冰雪体育文化资本的竞争，大众不仅

能看到差异性（也包括差距），更能为经常参与冰雪运动的客户群提供竞技性、多样性指引，进一步激发潜在动能。

冰雪体育文化资本演进以其动能提升冰雪体育项目的竞技性与多样性，也就是说，以满足个人内在的受尊重需求和自我实现需求强化对经常参与全民健身的客户群的激励。

第八章　全民健身精准激励策略

第一节　基于外部软环境的全民健身精准激励策略

一、基于公共服务的全民健身精准激励策略

（一）基于基层组织群众性体育赛事的全民健身精准激励策略

1. 开展与推广基层组织群众性体育赛事

由于基层组织群众性体育赛事对于激励民众参与全民健身具有广泛的适用性，因此，作为全民健身公共服务体系的重要组成部分，基层组织群众性体育赛事应成为从外部软环境影响民众积极参与全民健身的重要措施之一，不仅应该继续坚持，还应该在更广泛的社会组织中开展，大力推广。

但有一点需要注意，不分层次、不分规模，盲目谈群众性体育赛事对全民健身的激励效应，不符合"有为政府""精准施策"的执政理念。如前所述，基层单位工会、居委会与村委会等基层组织举办的小型的、具有公益性质的群众性体育赛事，与大型群众性体育赛事有显著区别，主要表现在两个方面。（1）办赛目标不同，前者的办赛目标是为了激励更多民众（包括尚不具有全民健身偏好的民众）参与全民健身，强调广泛参与性，不以营利为目的，具有公共服务的属性；后者的办赛目标是为了激活体育市场，营造全民健身的社会氛围，更重要的是带有经济目的，即"盈利"。（2）适宜客户群体不同，前者办赛的目标客户群更多地关注全民健身队伍中的"小白"，希望带动更多人参与全民健身；后者办赛的目标客户群更多地关注已经具有全民健身偏好的民众，关注全民健

身队伍中的"民间高手"。上述两点的不同,也决定了各层次群众性体育赛事配置资源的特点不同。基层组织群众性体育赛事具有公益性质,是全民健身公共服务体系的保底部分,需要更多公共资金的支持。而大型群众性体育赛事规模大,影响大,更方便利用市场机制配置相关资源,要更多地依靠市场配置资源。因此,只有明确不同层次、不同规模群众性体育赛事的办赛目标、适宜客户群体、资源配置特点,才能对不同层次、不同规模的群众性体育赛事进行精准定位,才能更好地制定各层级群众性体育赛事的赛事指南与参赛指引,才能更为准确地对相应的赛事水平与效益进行评价,进而对相关群众性体育赛事进行精准扶持,有效实现各层级群众性体育赛事的激励效应。

2. 强调基层组织群众性体育赛事的社交属性

举办基层组织群众性体育赛事的过程中应坚持其社交属性,能使其内涵更为丰富,目的更为多元,有效吸引更多民众参与体育赛事,参与全民健身。小型的、具有公益性质的基层组织群众性体育赛事更容易吸引尚未形成全民健身习惯与偏好的客户群,强调通过带动更多身边同事、伙伴、朋友参与全民健身,它是多层次、多样化群众性体育赛事体系中的"毛细血管",是群众性体育赛事体系中最微观、最基础的部分。因此,基层组织群众性体育赛事的健康发展不仅应得到基层组织重视,将其视为组织承担社会责任的重要内容,也应得到相关政府职能部门的大力扶持。

3. 突出青少年体育运动偏好的养成

中小学阶段体育运动偏好的养成非常重要,全民健身也应该从娃娃抓起。"少年强则中国强""体育强则中国强"。青少年的身心健康、体魄强健不来自其他,而源自青少年参与体育锻炼所塑造的体质基础、学习的体育技能和养成的运动习惯。[1] 因此,突出强调青少年运动习惯的养成是新时代赋予青少年体育工作的新使命,是实施各阶段《全民健身计划》的必然选择。其中,全民健身文化的建设与普及是重要环节,对青少年参与全民健身具有重要影响。如父母喜欢运动健身的,大多会带着子女参与运动健身,这是家庭文化的传承;大中小学校体育课程会使学生参与运动健身的比例逐步提高,是文化的传播;同时,社会上各种自媒体、融媒体对全民健身的积极宣传,是文化的倡导。全民健身文化对青少年潜移默化、持久的影响,是全民健身参与人数持续增长的重要源泉与不竭动力。因此,在新时代背景下"推动全民健身生活化",文化

---

[1] 刘扶民. 新时代体育当有新作为 [J]. 青少年体育, 2018 (2): 12-13.

引领是必由之路。

4. 努力构建基层组织群众性体育赛事体系

举办基层组织群众性体育赛事的初期或起步阶段，与其他体育项目之间的关系不用考虑过多，只要举办就好。但周期性或规律性的基层组织群众性体育赛事对民众参与其他体育项目健身一定会有影响。由此，依据区域特点、传统特色，并考虑办赛目标、适宜客户群体、资源配置特点等要素，规划、构建不同地区、不同层次的基层群众性体育赛事体系，提供多层次、多样化的基层组织群众性体育赛事服务供给，兼顾各体育项目的协同发展，将为"全民健身生活化"提供强有力支撑。

（二）基于体育消费券的全民健身精准激励策略

1. 体育场馆消费券与其他体育消费券组合使用

体育场馆消费券作为"持续完善全民健身公共服务体系"的有机组成部分，对"经常参与体育锻炼人数持续增加"这一全民健身核心目标，虽然激励效应具有一定的显著性，但可鲁棒性弱。因此，单独使用体育场馆消费券，对实现全民健身目标具有较大的不确定性。所以，体育场馆消费券只能是"有为政府"实现全民健身目标的一个必要工具，而非充分工具。同时还要注意到，该政策可以提升全民健身热情，激发大众参与全民健身的兴趣，也就是说体育场馆消费券可以在短时间内将民众的注意力转移到全民健身上来。借此之势，将这一激励政策与其他激励政策（如其他种类体育消费券）组合使用，可以更好地发挥体育场馆消费券的激励效应，进而提升激励效应的显著性及其鲁棒性。其中，将体育场馆消费券与体育培训消费券等组合使用（因为"缺少健身指导"也是教职工不经常参加健身运动的次要影响因素），可以促进将消费者参与全民健身的兴趣进一步转化为全民健身的偏好，进而为实现全民健身的核心目标做出最大限度的贡献。

2. 以体育场馆消费券促进全民健身文化建设

体育场馆消费券可以激活全民健身市场，可以为营造良好的全民健身社会氛围助力，更可以成为全民健身文化建设的重要途径之一。体育场馆消费券作为一种社会福利，其发放的相关信息不仅会通过官方渠道对外发布，也会在普通民众中极速传播，官方信息与民间交流两种信息传播渠道的交互，会不断放大信息沟通的效果，进而也实现了对全民健身的有效宣传。与此同时，在实施体育场馆消费券优惠政策的前期宣传、发放时点、实施效果跟踪的全部过程中，可以密切关注民众对体育场馆消费券的反应，充分利用自媒体、融媒体等多种媒介，形成良性互动，促成一个值得期待、充满惊喜、能够持续产生话题，并在健身之余带来欢乐与喜庆的全民健身爱好者的节日，进而不断丰富全民健身文化的内涵，拓宽全民健身文化的建设途径。因此，在相关职能部门计划使用体育场馆消费券之前，一定要拟定完善的体育场馆消费券的营销策略，并做好相关准备工作。发放、使用体育场馆消费券既是一次落实全民健身激励政策的具体措施，又是一次全民健身的有效营销活动，更是全民健身文化建设的重要组成部分。

3. 体育场馆消费券聚焦青少年和老年群体

国内外的实践表明，就体育场馆消费券而言，面向青少年和老年群体效果更佳。因为青少年群体正是体育锻炼偏好形成的重要时期，体育场馆消费券面向青少年群体更容易将其运动兴趣转变为运动偏好，为全民健身的大众群体增添新鲜血液。对于老年人，其作息时间与青壮年不同，并且更需要养成经常参与体育锻炼的健康生活方式。体育场馆消费券能为老年人参与全民健身提供有利条件，为老年人的健康生活提供有力保障，为进入老龄化的中国社会的持续、健康发展提供有效支撑。

4. 体育场馆消费券发放需考虑多方面的均衡

注重各运动项目参与人数持续提升、保持各体育项目的均衡发展是《全民健身计划》的发展目标之一。由于体育场馆消费券能够影响不同体育项目间的竞争关系，在使用这一政策工具时一定要考虑公平性。虽然消费券的发放对象由供给者转变为消费者，电子券的产生为体育场馆消费券的派发创造了更为公开、公正、公平的环境，但由于各个地区体育项目发展本身就可能存在不均衡的情况，因此，完全公平在实践中还是比较困难的。所以，在进行体育场馆消费券的设计时，还要尽可能考虑更多的因素，如体育场馆的数量、体育项目的受欢迎程度、体育项目的特点及对场馆的适应性、季节与场馆开放时间对体育项目的影响、体育项目参与群体的特征（年龄、性别、收入等），在力所能及的范围内，尽可能减少不公平性。

5. 体育场馆消费券是实现高碳体育场馆低碳运营的可行策略

体育场馆服务与其他商品或服务相比有其自身的特点。体育场馆的固定成本很高，相比而言可变成本较低，这也是体育场馆消费券发放较多的重要原因之一。同时，对于既定的体育场馆，其最大供给总量通常也是固定的，这也是体育场馆消费券发放时需要考虑的因素之一。此外，体育场馆，特别是室内冰雪体育项目的场馆，碳排放水平很高，体育场馆消费券能够带来参与冰雪体育运动总人数、总人次的增长，可以降低体育场馆空置率，提升单位碳排放水平的接待人数、人次，在相同碳排放水平下提升体育场馆利用率，是实现高碳体育场馆低碳运营的可行策略，对降低人均碳排放、完成碳中和任务具有很强的借鉴价值。

6. 基于全民健身与体育消费不同目标，制定体育场馆消费券发放策略

目的明确，是正确选择、合理利用体育场馆消费券这项政策工具的重要前提，是精准实现决策目标的重要保证。如果使用体育场馆消费券的目的是促进体育产业发展、带动全民健身消费，则应在体育场馆设置附加消费项目，或者到体育场馆参与体育锻炼本身就能够带动很多消费（如交通、餐饮、住宿等），也就是仅仅使用体育场馆消费券，体育场馆的消费体验会比较低，只有追加消费，才能更好地体验体育场馆的服务，进而真正发挥体育场馆消费券的撬动作用。

如果使用体育场馆消费券是为了激励更多的民众参与全民健身，则一定不要出现附加消费，有时最好组合附带其他体育消费券，以利于更好地发挥体育场馆消费券的激励效应。体育场馆消费券是全民健身公共服务体系的一部分，与经营性体育场馆的"优惠套餐"有着本质区别，不能混为一谈。将体育场馆消费券作为全民健身的激励手段时，一定是具有福利性质、全局性质的。而"优惠套餐"只是商家的营销手段之一，仅关注单个体育场馆客户总量的增长。所以，不能让商家将体育场馆消费券与其自身的附加消费捆绑销售，否则会降低体育场馆消费券对全民健身的激励效应。

全民健身公共服务体系提供的是公共产品与服务，必须依靠公共服务体系与市场机制两条腿走路。因此，无论是公共产品或服务的提供者——政府职能部门，还是市场主体——体育企业，都应注重两者的协同关系，把握各主体实施相关政策、措施与营销策略的有利契机与恰当时点，以获得最佳的协同效应。

7. 体育场馆消费券的发放需要多部门支持

体育场馆消费券作为持续完善全民健身公共服务体系中的一种激励措施，可以部分解决场馆需求问题，部分实现经常参与体育锻炼人数持续增加的目标。但若要持续完善全民健身公共服务体系、持续扩大全民健身的总体需求，仅依靠体育一个部门的努力是不可能解决所有问题的。全民健身是一个涉及广大民众、众多部门的系统工程，必须靠全社会的共同努力才能建设好，这也正是《全民健身计划》是由国务院颁布，而不是国家体育总局颁布的重要原因之一。

二、基于市场机制的全民健身精准激励策略

借鉴花样滑冰项目精准营销的有关经验，对参与全民健身的客户群进行市场细分及精准营销，从外部市场软环境探索全民健身激励方法。

（一）体育健身项目的市场分析

1. 市场结构分析

2022年，中共中央办公厅、国务院办公厅印发的《关于构建更高水平的全民健身公共服务体系的意见》中，在"工作原则"部分首先强调"覆盖全民，公益导向""扩大公益性和基础性服务供给""推动全民健身公共服务体系覆盖全民、服务全民、造福全民"。所以，全民健身公共服务体系属于公益性的，具有保底性质。但在"工作原则"部分同时也指出，政府引导，多方参与，激发社会力量积极性，推动共建共治共享，形成全民健身发展长效机制。所以，市场始终是全民健身的一个重要支撑点，与公共服务一起，推进全民健身事业的持续发展。

充分利用市场机制的资源配置作用，需要了解市场的基本情况。了解市场结构，将有利于更好地通过市场激励广大民众参与全民健身。各类体育项目在我国的发展历史与发展水平均有很大的差异性，而这种差异性又决定了体育项目市场化水平不同，形成体育项目市场结构的差异性。深刻认识并理解这种差异性，有利于更好地利用市场机制配置相关体育项目的资源，进而更好地激励广大民众以相关体育项目参与全民健身。

从市场结构来讲，主要包括完全竞争市场、完全垄断市场、垄断竞争市场、寡头垄断市场四种形式。乒乓球、羽毛球项目在我国发展历史悠久，人才济济，开展乒乓球、羽毛球运动受场地约束条件较小，因此，基本属于完全竞争市场的项目。滑雪项目受地理气候条件约束，滑雪市场分布往往具有区域特征，如黑龙江省、吉林省等占据传统优势。但在京张联合申办冬奥会之后，特别是2022年北京冬奥会之后，河北、新疆、四川成为后起之秀，在滑雪市场中占有了相当大的份额，甚至冲击了黑龙江省传统的霸主地位，几家独大演变为多家齐头并进的竞争态势。但室内滑雪市场却表现出不同的情形，融创"热雪奇迹"一枝独秀，在哈尔滨、广州、成都、昆明拥有四座排名世界TOP10级别的室内滑雪场，在国内居于绝对的领先地位。此外，在2022年北京冬奥会之后，全国各地，包括三亚都建设了很多室内冰场，但是对室内冰场的成功

运营,并不是每个城市都能轻松做到的,所以出现了像"冠军""新世纪""全明星"等连锁品牌冰场,在全国呈现垄断竞争的局面。

与此同时,还要考虑市场的成熟度,也就是这些体育项目在我国或是相关地区的发展水平。比如前面所提到的乒乓球、羽毛球项目,其在各地发展水平都很高,市场成熟度也相对较高;但冰雪运动项目虽然参与的人数较多,但市场成熟度相对较低。

2. 市场需求与供给分析

作为不同市场结构中的市场主体,要想激发潜在的市场需求,首先要对市场总量进行一个初步的预估和评价。根据市场营销学的相关理论,市场需求等于人口、购买力、购买欲望三个变量的乘积。其中,人口即区域人口总量,购买力是指人均可支配收入,购买欲望包括价格水平、消费者偏好、相关产品价格、价格预期等。根据上述三个变量即可预测出市场总量。

从供给侧讲,总供给是由所有的与全民健身相关的企业供给总量决定的。总供给与总需求要实现基本的均衡,全民健身市场才能够健康地、持续地发展。与此同时,全民健身企业作为市场主体,只有实现企业目标——利润最大化,才能进行持续经营,才能为全民健身持续地提供市场供给,才能为更广泛的健身客户群提供有效服务,也才能成为全民健身另一个有效的支撑点。因此,保证参与全民健身企业的利益,提供有效供给,也是维持其在全民健身市场中持续运营的基本前提条件。

从需求与供给的关系来讲,只有供给、需求不断地增长,才能不断地形成新的均衡,参与全民健身市场消费的人群才能不断增加。全民健身供给与全民健身需求之间的不平衡、不充分仍是主要矛盾,不平衡主要包括地区之间、城乡之间、不同体育项目之间的不平衡等,不充分主要包括对不同体育项目的市场开发程度与水平,不同客户群体市场开发水平的不充分等。

3. 消费者行为分析

消费者行为受许多因素的影响,市场主体要对此有深刻的认识,才能更好地打开销路,吸引更多的消费者,更好地激励广大民众参与全民健身。

社会文化对大众的消费观有着较大的影响,如 2022 年北京冬奥会,从申办成功之时,就已经悄然地引领了冰雪运动时尚,京津冀的年轻人参与冰雪运动的热情高涨,同时也在全国范围内掀起了冰雪运动的热潮。

家庭对个体全民健身消费行为的影响也是巨大的。父母的个人经历、健身偏好、受教育程度以及消费能力,都会影响家庭成员个体参与全民健身的方式。与此同时，参照群体对个体的影响也较大，如某个体的同学、伙伴均参与体育锻炼，就会对其消费心理和行为产生积极影响，可能促使其积极参与全民健身。同时，个人心理因素，如个人偏好、个人能力、气质、性格等，也会对个人参与全民健身的消费行为产生较大影响。了解这些全民健身消费行为的影响因素，有助于更好地拟定体育健身项目的营销策略。

（二）体育健身项目的营销策略

基于上述分析，参照花样滑冰精准营销的有关经验，提出通过市场机制激励民众参与全民健身的相关营销策略。

1. 体育项目文化宣传策略

首先，重点目标客户群要选准。每个适宜全民健身的体育项目都有重点目标客户群，有的更适合青少年儿童，如花样滑冰等，有的更适合成年人，如马拉松、铁人三项等。因此，选准重点目标客户群是提升体育项目文化宣传效用的重要基础。同时，明确重点目标客户群，会为拟定完整的体育项目宣传策略以及创新宣传方式与途径奠定良好的基础。

其次，要有完整的全民健身文化宣传策略。对体育项目宣传，不应是每一项活动单独行动，而应该成体系进行宣传。要有明确的主题、统一的品牌，才能形成合力，形成"组合拳"，才能让体育项目文化、全民健身文化宣传充分发挥其效应。

最后，宣传方式与途径的创新。随着新兴信息技术的持续发展，全民健身文化宣传的方式与途径也应有所创新。从方式来讲，像公众号、短视频等新型媒介呈现出强劲的发展趋势。因此，全民健身文化宣传要更多地依托新型媒介，如通过公众号、短视频积极推介全民健身的相关知识、技巧，引导大众对全民健身由认知到了解、熟悉，再到踊跃参与，逐步进阶到参与全民健身。

2. 体育项目培训教育的创新

我国全民健身的各种软硬件资源都存在发展不均衡、不充分的问题。新兴技术的飞速发展，数字化教育的全面普及，为上述问题的解决提供了可行方案，如教学资源不均衡可以通过在线教学部分解决。随着人工智能（Artificial Intelligence，AI）技术的日渐成熟，人工智能与全民健身深度融合，也将开辟新的天地。积极地进行体育项目培训教育的创新，有利于在一定程度上解决全民健身资源配置不均衡、不充分的问题。

3. 跨产业深度融合

产业信息供给创新应成为跨产业深度融合的重点，构建全民健身云平台，不断丰富云平台有关全民健身的产业信息内容。在云平台上提供不同城市全民健身的场馆信息、优惠券、体育游戏、相关注意事项等内容，为初级市场终端客户群参与全民健身体育项目提供可行路径。不断丰富数字教学与赏析资源，提升客户在线体验；增加在线互动，在不同宣传阶段不断提出全民健身的新话题，为更好地推动全民健身休闲市场的发展创造条件。

第二节　基于外部硬环境的全民健身精准激励策略

本节以"冬夏"公园为例，以公益性、便利性、一地多用以及绿色环保为重要理念，分析以城乡公共空间拓展公共体育场地设施供给的可行方案，并基于功能定位及场地设施分级满足偶尔参与、经常参与全民健身的不同客户群的不同需求，从外部硬环境探讨全民健身精准激励策略。

一、基于公共空间的全民健身场地设施功能定位

基于外部硬环境的全民健身精准激励策略的核心是通过向大众提供多样的全民健身场地设施，促进偶尔参与全民健身的客户群持续增长以及转化为经常参与全民健身的客户群，推动全民健身核心目标（"经常参加体育锻炼人数"持续增加）的实现。

当然，大众参与全民健身所选择的体育项目不同、能力与水平不同、参与程度不同、参与场景不同、参与时间不同，这些差异性决定了其所依托的公共场地设施也应有所不同。同时，这些公共场地设施所依托的建设用地又有"城市建设用地内"与"城市建设用地外"之别，其城市规划布局与功能定位也一定有所区别。即使同为"城市建设用地内"的公共空间，由于其稀缺性、分布的不均衡等特征，在这些公共空间中建设全民健身场地设施也一定要进行相应的功能定位与场地设施分级，这既是有效保证基于公共空间的全民健身场地设施更好地满足大众参与全民健身的多层次需要，又是保证基于公共空间的全民健身场地设施投资获得最佳经济与社会效益的重要前提条件。

由于城市功能区划以及发展不均衡等原因，城市建设用地内外公共空间的分布与开发利用条件具有很大的差异性，基于城市建设用地内外公共空间所建设的全民健身场地设施的功能定位也会有所不同。基于公共空间的全民健身场

地设施功能定位，是指在场地设施规划建设阶段，依据全民健身公共事业的发展需要和各区域发展的需求，综合人口总量、密度、区域公共空间分布与大小、原有全民健身场地设施水平等要素，对基于公共空间的全民健身场地设施进行功能定位。

从需求角度讲，城市建设用地内的人数密度大、数量多，全民健身的需求更大，基于城市建设用地内公共空间的全民健身场地设施越多越好。但现实情况是，城市建设用地内的公共空间更为有限，也更为零散，建设大型的、标志性的公共体育场馆的可能性更小，而建设小型的、多用途的全民健身场地设施更为可行。城市建设用地外的公共空间更大，更为集中，也更适宜建设大型公共体育场馆设施。由此，基于城市建设用地内外公共空间的全民健身场地设施的功能定位也就明确了。

二、基于公共空间的全民健身场地设施分级

前面已经对基于公共空间的全民健身场地设施进行了功能定位，在功能定位的基础上，还要对相关场地设施进行分级，进而可以更清晰地明确基于公共空间不同级别全民健身场地设施的不同目标客户群，更精准地满足不同目标客户群的需求。

基于公共空间的全民健身场地设施大致可分为初级、中级、高级三个级别。初级全民健身场地设施主要面向全年龄口径的民众参与全民健身的基本需求，对场地设施最重要的要求就是安全性、可达性。因此，在三个等级的场地设施中，初级场地设施建设的等级是最低的（但安全性一定满足要求），其建设与维护费用也是最低的。例如，单双杠、双人漫步机、太极轮、平步机、健骑椅等，遍布在各个公园、居民小区、街心空地中的"健身走廊"，这些健身器材的主要功能就是满足初级健身参与者的需求。当然，初级全民健身场地设施主要规划在城市建设用地内，是"见缝插针"式地进行全民健身场地设施的规划。

基于公共空间的中级全民健身场地主要提供多种类全民健身体育项目的场地设施供给服务。场地设施可以在相关体育项目场地设施规范标准的基础上进行浮动，场地地面、场地内的划线也可以根据具体项目、场地条件进行适当的调整。该类场地强调因地制宜，更好地满足民众参与全民健身多种体育项目的需求，为大众日常参与全民健身提供场地设施服务，满足社区、街道等相关社

会团体组织体育竞赛的条件。因此，这些场地设施通常都会有相对清晰的边界，划线也更符合相关体育项目的场地规范。基于公共空间的中级全民健身场地设施的功能定位涉及不同体育项目间的均衡发展关系，因此，场地设施规划一定要强调多功能性，即一地多用、一场多用。

由于基于公共空间的中级全民健身场地设施对场地设施条件的要求不太高，且场地设施绝大部分为室外，所以建设费用相对较低，维护费用也较低。因此，中级全民健身场地设施也是激励大众参与全民健身、维持全民健身体育项目多样化的重要基础。

基于公共空间的高级全民健身场地设施可以是室内的，也可以是室外的，场地设施建设标准也更高，不仅能够满足大众日常参与全民健身的场地设施要求，还能满足地区、省级，乃至更高等级相关体育项目赛事的场地设施要求，也能够满足多种体育项目的场地设施要求，即多功能性。同时，高级全民健身场地设施建设需要的资金相对较高，维护成本也要高于其他两类全民健身场地设施。所以，高级全民健身场地设施的建设数量是相对有限的。但是，高级全民建设场地设施同样是非常必要的，其对于维持经常参与全民健身群体规模总量具有重要价值。此外，由于城市建设用地的供需矛盾突出，新建的高级全民健身场地设施更多规划在城市建设用地外，与城市中心有一定距离。但是由于高级全民健身场地设施规格更高、面积更大、承载力更大，对经常参与全民健身的客户群而言也更具吸引力。

三、基于公共空间场地设施供给的全民健身激励策略

基于公共空间的全民健身场地设施功能定位与分级的原则、方法阐述清楚之后，基于公共空间场地设施供给的全民健身精准激励策略自然也就给出了。对于偶尔参与全民健身的客户群而言，应坚持公益性、便利性、一地多用以及绿色环保等理念，充分利用城市建设用地内空间（如"冬夏"公园、街心空地、废弃厂房等），尽可能多地提供初级、中级全民健身场地设施。初级、中级全民健身场地设施的公益性、便利性可以保证更多民众参与全民健身的可支付性、可及性，可以增加更多民众参与全民健身的可能性；一地多用、绿色环保使全民健身场地设施可以面向多种体育项目，并具有可持续性，可以提升更多民众持续参与全民健身的可行性。因此，积极建设基于城市建设用地内公共空间的初级、中级全民健身场地设施，对提升参与全民健身的客户群新增数量

具有较好的激励效应。

对于经常参与全民健身的客户群而言,要坚持一地多用以及绿色环保等理念,充分利用城市建设用地外空间(如郊野荒地等),积极提供基于公共空间的高级全民健身场地设施。高级全民健身场地设施能够更好地满足经常参与全民健身的客户对场地设施更为专业、更高标准的要求,为维持经常参与全民健身的客户群总量创造了条件。城市建设用地外空间更为广阔,为高级别、标准化的全民健身场地设施建设以及交通等市政基础设施建设提供可能性,一地多用以及绿色环保等理念使得全民健身场地设施建设具有可持续性。要保持、提升经常参与全民健身的客户群的总量,积极增加基于城市建设用地外公共空间的高级全民健身场地设施具有更好的激励效果。

第三节　基于体育文化资本演进的全民健身精准激励策略

本节借鉴冰雪体育文化资本的演进机制,基于体育文化资本域内传承与域外合作对偶尔参与全民健身的客户群的带动作用,基于体育文化资本域内创新与域外竞争对经常参与全民健身的客户群的引领作用,从个体内在需求出发,探究全民健身精准激励策略。

一、对偶尔参与全民健身的客户群的激励策略

(一)体育文化资本域内传承对偶尔参与全民健身的客户群的激励策略

体育文化资本主要通过内部环境中的相关资源完成传承。在此过程中,体育人口的传承是体育文化资本传承中的一项重要内容。随着经济社会的高速发展,越来越多的人认识到全民健身与身心健康之间的正相关性,而身心健康又是人民美好生活的重要组成部分;同时,对参与全民健身的积极认知和价值认同又会逐步提升偶尔参与全民健身的客户群总量。此外,由于人们社交的需要,更多的人同样将全民健身作为社会交往的一种方式,"请人吃饭不如请人流汗"就是鲜明的例证。在这样的具体形态文化资本的驱动下,越来越多的偶尔参与全民健身的客户群可能转化为经常参与全民健身的客户群。

基于此,要注重以体育文化资本的传承(家庭传承、学校传承、社会传

承、专业队传承）为重要基础，以多种新兴技术与媒介为具体途径与方法手段，推广全民健身知识，培育民众参与体育运动的技能与品位，推动全民健身文化的价值认同，构建大众全民健身偏好，形成民众全民健身惯习。要注重兴建承载体育运动辉煌历史的博物馆，加强相关体育项目、体育场馆、体育赛事等周边产品开发，为体育文化传承培育适合的载体。同时，应秉持绿色环保等新理念，积极增加全民健身场地设施供给，为广大民众参与全民健身创造便利条件。

（二）体育文化资本域外合作对偶尔参与全民健身的客户群的激励策略

域外合作是体育文化资本外部场域的重要组成部分，对偶尔参与全民健身的客户群同样具有激励效应。更多的国际高水平赛事转播将引领广大民众对体育运动的认知水平、欣赏水平，并将世界体育文化与全民健身文化融通起来，在全民健身文化层面形成更强的认同感。体育文化交流活动等也会提升域内对体育项目、全民健身的认知水平，提升偶尔参与全民健身的客户群总量，并提高将偶尔参与全民健身的客户群转化为经常参与全民健身的客户群的可能性。

二、对经常参与全民健身的客户群的激励策略

（一）体育文化资本域内创新对经常参与全民健身的客户群的激励策略

体育文化资本以内部环境中的相关资源完成创新，进而推进体育文化资本的发展。体育文化资本的内部创新一部分源于群众体育。群众体育不同于竞技体育。竞技体育基于相同项目规则进行对抗、基于相同项目规则创造纪录；群众体育往往选择不为各种规则所束缚，强调张扬个性的项目（很多极限运动就是这样发展而来的）。经常参与全民健身的群众是群众体育的重要群体，代表了群众体育的属性与发展趋势。而经常参与全民健身的群众为了实现自我突破，或者说为了满足个人内在尊重和自我实现的需要，将原有体育项目加入个性化的表现内容，同时实现了体育文化资本的创新。因此，需要鼓励这种创新，为这种创新营造良好的氛围，并积极引导这种创新在体育文化资本中形成积淀，进而形成对经常参与全民健身的客户群的有效激励。体育文化资本内部创新另一部分源于体育赛事体系的创新。体育赛事是体育的高阶表现形式，域内体育赛事要有一定的承载能力，才能维持、提高经常参与全民健身的客户群的总量。而提升域内体育赛事的承载力，需要多种机制的创新，促进群众体育与竞技体育的融通；需要域内多种资源的投入，积极发挥公共资源的引领效

应，充分调动市场机制配置资源。因此，构建多层次、多级别的体育赛事体系，既是融通群众体育与竞技体育的重要途径，又是维持、提升经常参与全民健身的客户群总量的一个重要手段。体育文化资本内部创新还有一部分源于竞技体育的强势发展，特别是职业体育的持续创新及其对群众体育的反哺。因此，构建群众体育与竞技体育双向赋能生态，也是对经常参与全民健身的客户群的有效激励策略。如：设立业余选手向职业选手晋级的通道，在群众性赛事（如城市马拉松）中设置选拔环节，优胜者可进入省级或国家级集训队试训；增设"社会推荐通道"，允许俱乐部、学校推荐优秀苗子进入国家青训体系；推动专业体育场馆分时段向公众开放，并提供低价或免费体验课程（如短道速滑馆开设"市民开放日"）等。

此外，还应逐步完善体育项目等级考试制度，构建科学化进阶体系。依据国际体育组织标准，结合本土特色，细化不同体育项目的等级划分，制定阶梯式考核目标，并联合体育协会、教育部门颁发国家级体育项目等级证书，纳入个人综合素质评价体系，增强社会认可度。

（二）体育文化资本域外竞争对经常参与全民健身的客户群的激励策略

体育文化资本的外部竞争是促进其内部创新的另一重要动因。体育资本的外部竞争主要源于竞技体育。竞技体育的发展离不开职业体育，职业体育是现代社会高度发展的产物，是竞技体育持续创新的重要依托。因为职业体育可以为竞技体育持续地注入相关资源，并获得相关回报，形成良性循环，这种机制是竞技体育、职业体育间维持良性互动的重要基础。此外，竞技体育的发展还与外部环境（特别是外部相关产业）有着密切的联系。[①] 同时，竞技体育对经常参与全民健身的客户群具有重要的示范引领作用，有利于提升经常参与全民健身的客户群总量。因此，积极发展职业体育，提升竞技体育水平也是激励经常参与全民健身的客户群的有效策略。

---

① 比如竞技体育一定离不开高水平赛事，而高水平赛事一定是跨区域进行的；竞技体育还需要多产业体系的支撑，这些产业体系也不一定在区域内，还可能在区域外，而高水平赛事、相关产业支撑又是竞技体育创新发展的重要支点。

第九章 结 论

本书以全民健身国家战略为背景，以"经常参加体育锻炼人数"持续增加为全民健身精准激励的核心目标，以黑龙江省多种全民健身场景为相关案例，针对偶尔参与、经常参与全民健身的不同类别的客户群，从外部公共软环境、外部市场软环境、外部公共硬环境以及个体内在需求等维度，遵循由外部环境到个体内在动机的激励路径，以多种资源配置组合方式，提出全民健身精准激励策略，得出如下结论。

（1）基层组织群众性体育赛事对民众参与全民健身的激励效应显著，且短时间内不会影响民众参与其他体育项目健身的积极性；不同性别组别、年龄组别、开始健身时间组别的民众对基层组织群众性体育赛事激励效应的敏感性一致，而中小学阶段运动偏好较强的民众群体对基层组织群众性体育赛事激励效应更为敏感。

（2）体育场馆消费券短期内能够激活全民健身市场，提升全民健身热情；对促进偶尔参与全民健身人数增长的激励效应显著，且鲁棒性强；对促进经常参与全民健身人数增长的激励效应显著，但鲁棒性弱；新增全民健身客户群中，其他方式健身偏好与消费券所对应体育项目偏好具有相关性，但鲁棒性弱；除场地条件外，健身时间也是参与全民健身的重要影响因素。

（3）花样滑冰市场配置的决定因素不再是自然环境等硬件条件，新时代背景下，花样滑冰健身休闲市场终端客户群的人文特征、消费心理、消费行为发挥越来越重要的作用；市场软环境的持续优化将成为花样滑冰健身休闲市场发展的重要决定因素；花样滑冰项目是满足中等收入人群对美好生活需要的一个重要选项；少年儿童（包括学龄前儿童）是花样滑冰健身休闲市场终端客户群的主体；家庭传承、学校影响是少年儿童在家、在校参与花样滑冰运动的重要影响因素；客户群对花样滑冰项目忠诚度越高，价值越大。

（4）本书以公益性、便利性、一地多用以及绿色环保为重要理念，以大幅提升公共冰雪场地设施供给为指导思想，以将生态文明注入冰雪运动文化基因为价值导向，以提升北方城乡冬季活力为工作指针，提出"冬夏"公园的概念。本书还以供给侧改革为突破口，以体育、规划、城市管理等职能部门的协同合作为原则，以"冬夏"公园发展规模统筹化、经营模式多元化为具体路径，以"冬夏"公园的相关规范和技术标准的编制、运营管理主体与职责的明确为必要条件，从制度、总量与技术三个方面提出破解"冬夏"公园所面临困境的解决方案，论证了"冬夏"公园的可行性；同时，对"冬夏"公园进行功能定位与场地设施分级，以更好地满足以冰雪运动为选项参与全民健身不同客户群的多样性、多层次需求。

（5）本书借鉴文化资本的概念，以具体形态文化资本、客观形态文化资本、制度形态文化资本为冰雪体育文化资本的三种具体形式，描绘各发展阶段[①]黑龙江省冰雪体育文化资本的状态，并以黑龙江省冰雪体育文化资本的历史变迁为基本脉络，辨析黑龙江省冰雪体育文化资本演进的影响因素及作用力，构建黑龙江省冰雪体育文化资本演进机制，提出：冰雪体育文化资本演进以域内传承、域外合作促进冰雪体育项目的普及与推广，即以满足个人内在的健康、社交需求以及价值认同，强调对偶尔参与全民健身的客户群的激励；冰雪体育文化资本演进以域内创新、域外竞争提升冰雪体育项目的竞技性与多样性，即以满足个人内在受尊重的需求和自我实现需求，强化对经常参与全民健身的客户群的激励。

（6）根据上述研究结果，本书从外部（公共、市场）软环境、外部硬环境、个体内在动机等视角，对具有不同全民健身偏好客户群分别提出全民健身精准激励策略。第一，以基层组织群众性体育赛事重点激励偶尔参与全民健身的客户群，提升参与全民健身的客户群总体规模，并给予公共资源支持；以大型群众性体育赛事重点激励经常参与全民健身的客户群，维持参与全民健身的客户群总体规模，并以市场机制优化资源配置。第二，体育场馆消费券对于将偶尔参与全民健身的客户转化为经常参与全民健身的客户有一定激励效应，但鲁棒性弱；将体育场馆消费券与其他体育消费券联合使用，激励效应将进一步增强，鲁棒性也增强。第三，对于经常参与全民健身的客户群，体育项目精准推广营销应明确重要客户群体的特征，并以精准的媒介途径、优质的推介内

---

① 新中国成立至改革开放、改革开放至成功举办亚冬会、成功举办亚冬会至北京成功申办冬奥会、北京成功申办冬奥会至今四个阶段。

容，激发客户群对体育项目的热爱，通过供给侧创新，为重要客户群提供更多训练、康复的方法、技巧等体育科技创新成果，激励重要客户群选择该体育项目持续参与全民健身。第四，坚持公益性、便利性、一地多用以及绿色环保等理念，充分利用城市建设用地内的空间，尽可能多地提供基于公共空间的初级、中级全民健身场地设施，对吸引更多群众参与全民健身、将偶尔参与全民健身的客户群转化为经常参与全民健身的客户群具有重要作用；充分利用城市建设用地外空间，积极提供基于公共空间的高级全民健身场地设施，对经常参与全民健身的客户群具有更好的激励效应。第五，基于体育文化资本演进力量，对偶尔参与全民健身的客户群的激励策略，包括强化体育文化资本的传承、技术赋能扩大全民健身知识供给、突出全民健身价值认同、引入国际性高水平体育赛事、培育体育文化传承的新型载体、以新理念持续增加全民健身场地设施供给等；对经常参与全民健身的客户群的激励策略，包括保护群众体育的个性化发展、建立多层次多级别的体育赛事体系、构建群众体育与竞技体育双向赋能生态、完善国家级体育项目等级证书制度、积极发展职业体育、提升竞技体育水平等。

参考文献

[1] 2001－2010年奥运争光计划纲要［EB/OL］．国家体育总局，https：//www.ganzhou.gov.cn/zfxxgk/c116127/201509/e6043e7299c84edc887ce95464ea3fa6.shtml．

[2] 2011－2020年奥运争光计划纲要［EB/OL］．国家体育总局，https：//www.sport.gov.cn/n4/n125/c325104/content.html．

[3] 2015年哈尔滨市国民经济和社会发展统计公报［EB/OL］．哈尔滨市统计局，http：//www.stats-hlheb.gov.cn/xw! detaPage.action? tid＝38394&type_no＝201．

[4] 2016年哈尔滨市国民经济和社会发展统计公报［EB/OL］．哈尔滨市统计局，国家统计局哈尔滨调查队，http：//www.stats-hlheb.gov.cn/xw! detaPage.action? tid＝44806&type_no＝201．

[5] 2019年全国体育场地统计调查数据［EB/OL］．国家体育总局体育经济司，https：//www.sport.gov.cn/n315/n329/c968164/content.html．

[6] CJJ/T85－2017，城市绿地分类标准［S］．北京：中国建筑工业出版社，2017．

[7] CJJ/T91－2002，园林基本术语标准［S］．北京：中国建筑工业出版社，2002．

[8] CJJ/T91－2017，风景园林基本术语标准［S］．北京：中国建筑工业出版社，2017．

[9] GB/T 51346－2019，城市绿地规划标准［S］．北京：中国标准出版社，2017．

[10] GB50180－93，城市居住区规划设计规范（2016版）［S］．北京：中国建筑工业出版社，2016．

[11] GB51192－2016，公园设计规范［S］．北京：中国建筑工业出版社，2016．

［12］安淑新．促进经济高质量发展的路径研究：一个文献综述［J］．当代经济管理，2018（9）．

［13］北京大学国家发展研究院课题组．我国消费券发放的现状、效果和展望研究［J］．中国经济报告，2020（4）．

［14］冰雪运动发展规划（2016－2025年）［EB/OL］．国家体育总局，http：//www.sport.gov.cn/n316/n340/c773663/content.html．

［15］曹志文，牛晓叶，曲京山．基于岗位绩效工资制的高校收入分配实证分析［J］．会计之友，2011（4中）．

［16］陈华．体育消费券如何"劝"火健身消费［N］．河北日报，2020-04-13．

［17］成会君，孙晋海，徐阳，等．数据赋能全民健身治理现代化：实践成效、困境与创新路径［J］．沈阳体育学院学报，2022（4）．

［18］程文广，刘兴．需求导向的我国大众冰雪健身供给侧治理路径研究［J］．体育科学，2016（4）．

［19］仇立平，肖日葵．文化资本与社会地位获得：基于上海市的实证研究［J］．中国社会科学，2011（6）．

［20］崔旭艳，殷怀刚．中国梦与奥林匹克风：《体育与科学》"冰天雪地也是金山银山：北京冬奥会后期效应"学术工作坊综述［J］．体育与科学，2022（2）．

［21］［美］迪恩·卡尔蓝，乔纳森·默多克．经济学（微观部分．英文版）［M］．贺京同，译注．北京：机械工业出版社，2017．

［22］第六次全国体育场地普查数据公报［EB/OL］．国家体育总局经济司，https：//www.sport.gov.cn/n4/n210/n218/c328625/content.html．

［23］杜长亮，刘东升．体育锻炼群体知识转移：全民健身战略推进研究的新视角［J］．上海体育学院学报，2023（6）．

［24］冯加付．新中国成立以来我国群众性体育赛事演变特征［A］．中国体育科学学会．第十二届全国体育科学大会论文摘要汇编：专题报告（体育社会科学分会）［C］．日照：中国体育科学学会，2022．

［25］冯俊翔，郑家鲲，周铭扬，等．"互联网"助力全民健身研究［J］．体育文化导刊，2021（3）．

［26］冯楠，任彬彬，黄梓宸，等．数字经济下工业互联网平台信息共享激励机制研究［J］．北京交通大学学报（社会科学版），2022（2）．

[27] 冯振伟, 田丰. 全民健身智慧化的逻辑理路与实现进路 [J]. 体育学刊, 2022 (6).

[28] 傅建晓, 任雪杰, 赵林度. 基于智能物联网平台生态的价值共创激励策略研究 [J]. 科技管理研究, 2022 (17).

[29] 高波, 张志鹏. 文化资本: 经济增长源泉的一种解释 [J]. 南京大学学报 (哲学·人文科学·社会科学版), 2004 (5).

[30] 高存友, 白晶, 占归来, 等. 基于马斯洛需求层次理论的灾后心理危机干预模式的构建与应用 [J]. 中国卫生资源, 2022 (5).

[31] 高慧妮, 雷万鹏, 代鹏晖. 新中国体育口号演变及其功能研究 [J]. 体育科技, 2021 (1).

[32] 高培勇, 袁富华, 胡怀国, 等. 高质量发展的动力、机制与治理 [J]. 经济研究, 2020 (4).

[33] 高宣扬. 布迪厄的社会理论 [M]. 上海: 同济大学出版社, 2004.

[34] 葛庆英, 董跃春. 以"观赏型体育"促进全民健身发展的研究 [J]. 体育学刊, 2019 (4).

[35] 公共文化体育设施条例 [EB/OL]. 国务院, http://www.gov.cn/zhengce/content/2008-03/28/content_6554.htm.

[36] 宫岛乔. 文化的再生产の社会学 [M]. 东京: 藤原书店, 2002.

[37] 巩固基础 挖掘潜力 找准差距 恶补短板 实现黑龙江冰雪体育新跨越 [EB/OL]. 黑龙江省体育局, http://www.hljtyj.gov.cn/system/201703/32543.html.

[38] 关于进一步发展体育运动的通知 [EB/OL]. 中共中央, http://www.olympic.cn/rule_code/code/2004/0426/26065.html.

[39] 郭涛. 愿圣火不熄: 第三届亚冬会回眸 [J]. 新青年, 1996 (3).

[40] 国家体委政策研究室主编. 体育运动文件选编 (1949-1981) [M]. 北京: 人民体育出版社, 1982.

[41] 国务院办公厅关于促进全民健身和体育消费推动体育产业高质量发展的意见 [EB/OL]. 国务院, https://www.gov.cn/zhengce/content/2019-09/17/content_5430555.htm.

[42] 国务院办公厅关于加快发展健身休闲产业的指导意见 [EB/OL]. 国务院办公厅, http://www.gov.cn/zhengce/content/2016-10/28/content_5125475.htm.

[43] 国务院办公厅关于印发体育强国建设纲要的通知［EB/OL］. 国务院办公厅, http：//www.gov.cn/zhengce/content/2019-09/02/content_5426485.htm.

[44] 国务院关于加快发展体育产业 促进体育消费的若干意见［EB/OL］. 国务院, https：//www.gov.cn/zhengce/zhengceku/2014-10/20/content_9152.htm.

[45] 国务院关于印发全民健身计划（2021—2025年）的通知［EB/OL］. 国务院, http：//www.gov.cn/zhengce/content/2021-08/03/content_5629218.htm.

[46] 国务院关于印发《全民健身计划（2011—2015年）》的通知［EB/OL］. 国务院, http：//www.gov.cn/gongbao/content/2011/content_1816012.htm.

[47] 国务院关于印发《全民健身计划（2016—2020年）》的通知［EB/OL］. 国务院, http：//www.gov.cn/zhengce/content/2016-06/23/content_5084564.htm.

[48] 哈尔滨市体育局局长邢海峰访谈：充分利用哈尔滨市冰雪体育资源 努力实现冰雪体育社会化与产业化［N］. 哈尔滨日报, 2016-12-09.

[49] 韩伟. 羽毛球运动在全民健身中的健身价值分析［J］. 价值工程, 2011（16）.

[50] 郝项超, 梁琪. 非高管股权激励与企业创新：公平理论视角［J］. 金融研究, 2022（3）.

[51] 黑龙江大学. 学校简介［EB/OL］. 黑龙江大学官网, http：//www.hlju.edu.cn/xqzl/xxjj.htm.

[52] 侯兵, 杨君, 余凤龙. 面向高质量发展的文化和旅游深度融合：内涵、动因与机制［J］. 商业经济与管理, 2020（10）.

[53] 胡鞍钢, 方旭东. 全民健身国家战略：内涵与发展思路［J］. 体育科学, 2016（3）.

[54] 胡颢琛, 孙高峰. 数字人文视域下短视频平台健身博主的媒介化成长与数字化记录［J］. 新闻知识, 2023（1）.

[55] 胡锦涛. 坚定不移沿着中国特色社会主义道路前进 为全面建成小康社会而奋斗：在中国共产党第十八次全国代表大会上的报告［EB/OL］. 共产党员网, https：//www.12371.cn/2012/11/17/ARTI1353154601465336.shtml.

[56] 胡茜. 感知价值和感知风险视角下精准营销与消费者网购行为分析 [J]. 商业经济研究, 2021 (13).

[57] 胡元聪, 刘子华. 新时代全民健身的法律激励: 文本检视、理念阐释及制度革新 [J]. 北京体育大学学报, 2022 (7).

[58] 邹昌店, 肖林鹏, 李宗浩, 杨晓晨. 我国公共体育服务发展述评 [J]. 体育学刊, 2009 (6).

[59] 黄河, 杨小涵, 傅央旗. 健身短视频对全民健身的显化与促进: 基于详尽可能性模型的检验 [J]. 中国体育科技, 2023 (1).

[60] 黄明田, 李泽玲. 基于直觉模糊层次分析法的90后知识型员工绩效评价与激励策略研究 [J]. 数学的实践与认识, 2019 (23).

[61] 黄世忠. 支撑ESG的三大理论支柱 [J]. 财会月刊, 2021 (19).

[62] 黄先海, 宋学印. 赋能型政府: 新一代政府和市场关系的理论建构 [J]. 管理世界, 2021 (11).

[63] 贾辰, 李朝阳, 陈启宁. 新加坡空中花园设计简析及启示 [J]. 现代城市研究, 2013 (8).

[64] 贾康, 苏京春. 论供给侧改革 [J]. 管理世界, 2016 (3).

[65] 建设部发布"关于建设节约型城市园林绿化的意见" [EB/OL]. 中华人民共和国建设部, http://www.gov.cn/gzdt/2007-09/04/content_736794.htm.

[66] 蒋国华. 陆昊主持召开省政府专题会议 进一步部署冰雪季体育赛事、冰雪趣味活动、文艺演出产品供给和营销工作 [N]. 黑龙江日报, 2016-12-12.

[67] 金碚. 关于"高质量发展"的经济学研究 [J]. 中国工业经济, 2018 (4).

[68] 金春华, 徐贤飞, 郑培庚. 体育消费热起来 [N]. 浙江日报, 2021-08-04.

[69] 金淼. 164项精彩活动喊你出门"上冰雪" [N]. 哈尔滨日报, 2017-12-21.

[70] 鞠振艳, 刘小辉. 关于羽毛球运动在全民健身活动中价值的研究 [J]. 吉林省教育学院学报, 2012 (6).

[71] [英] 凯瑟琳·沃德·汤普森, 彭妮·特拉夫罗. 开放空间: 人性化空间 [M]. 章建明, 黄丽玲, 译. 北京: 中国建筑工业出版社, 2011.

[72] 李怀祖. 管理研究方法论（第二版）[M]. 西安：西安交通大学出版社，2005.

[73] 李雷. 习近平关于全民健身重要论述的宪法学阐释[J]. 北京体育大学学报，2021（6）.

[74] 李敏，童匀曦，李济泰. 国标编制相关的城市公园绿地主要规划指标研究[J]. 中国园林，2020（2）.

[75] 李强，徐玲. 怎样界定中等收入群体[J]. 北京社会科学，2017（7）.

[76] 李潇晓，刘林平. 阶层偏好、文化资本与情感机器：东方甄选直播现象的数字民族志研究[J]. 探索与争鸣，2023（1）.

[77] 李岫儒，柴娇. 冰雪体育文化传播的意义及路径[J]. 体育文化导刊，2019（8）.

[78] 李雪钦. "互联网+体育"朝气蓬勃[N]. 人民日报（海外版），2021-08-23.

[79] 李燕. 谈花样滑冰运动员的舞蹈意识[J]. 冰雪运动，2006（2）.

[80] 李义平. 从需求理论到供给理论及其启示[J]. 教学与研究，2000（3）.

[81] 李云超，王忠杰，刘纾萌，等. 专类公园发展趋势及规划建设应对的思考[J]. 中国园林，2020（2）.

[82] 梁一珺. 杭州马拉松参赛者参与动化结构及特征分析[D]. 杭州：杭州师范大学，2016.

[83] 廖钟锋，黄亚玲. 共享经济模式下全民健身治理路径研究[J]. 体育文化导刊，2019（6）.

[84] 林毅夫，沈艳，孙昂. 中国政府消费券政策的经济效应[J]. 经济研究，2020（7）.

[85] 林毅夫. 政府与市场的关系[J]. 中国高校社会科学，2014（1）.

[86] 刘扶民. 新时代体育当有新作为[J]. 青少年体育，2018（2）.

[87] 刘国永. 对新时代群众体育发展的若干思考[J]. 体育科学，2018（1）.

[88] 刘国永. 实施全民健身战略，推进健康中国建设[J]. 体育科学，2016（12）.

[89] 刘玉. 改革开放30年我国体育公共服务供给模式转型与现实选择

[J]．体育科学，2013（2）．

［90］刘征宇．精准营销方法研究［J］．上海交通大学学报，2007（S1）．

［91］卢文云，陈佩杰．全民健身与全民健康深度融合的内涵、路径与体制机制研究［J］．体育科学，2018（5）．

［92］陆娟．"双十一"你为体育消费了吗？［N］．中国体育报，2020 - 11 - 10．

［93］栾丽霞，吴霜．武汉市全民健身路径工程管理存在的问题与对策［J］．体育文化导刊，2013（2）．

［94］栾涛．培养高水平花样滑冰青少年后备人才促进花样滑冰竞技体育可持续发展［J］．湖北师范大学学报（自然科学版），2017（4）．

［95］马斌荣．SPSS for Windows Ver. 11.5 在医学统计中的应用（第三版）［M］．北京：科学出版社，2005．

［96］马君，胡佳，杨涛．打开奖励的"薛定谔黑箱"：认知学派与行为学派的理论分野与整合［J］．外国经济与管理，2015（3）．

［97］马烈，冯瑛，程树磊，杜晓盛．高校教职工收入影响因素分析：基于四川省 A 校的调查数据［J］．经济研究参考，2014（5）．

［98］马思远．我国业余体育竞赛体系构建研究［J］．北京体育大学学报，2021（10）．

［99］马兴明．国际滑冰联合会发展史（1865 - 1992）：（一）国际滑联成立前的历史背景 1865 年 - 1892 年［J］．冰雪运动，1994（1）．

［100］［美］迈尔斯．市场细分与定位［M］．王祎，译．北京：机械工业出版社，2005．

［101］［美］米尔顿·弗雷德曼，罗丝·弗里德曼．自由选择：个人声明［M］．胡骑，席学媛，安强，译．北京：商务印书馆，1982．

［102］潘磊．种植方式与全民健身：体育锻炼参与的南北差异及其文化溯源［J］．上海体育学院学报，2023（6）．

［103］庞朴．文化结构与近代中国［J］．中国社会科学，1986（5）．

［104］裴立新．新时代中国体育社会组织发展研究［J］．体育文化导刊，2019（3）．

［105］［法］皮埃尔·布迪厄，［美］华康德．实践与反思：反思社会学导引［M］．李猛，李康，译．北京：中央文献出版社，1998．

［106］秦涛．身体活动与休闲动机量表（PALMS）的跨文化检验［J］．

西南师范大学学报（自然科学版），2016（2）.

［107］全国冰雪场地设施建设规划（2016 - 2022 年）［EB/OL］. 国家体育总局，http：//www. sport. gov. cn/n316/n340/c773664/content. html.

［108］全国人民代表大会常务委员会关于修改部分法律的决定［EB/OL］. 全国人民代表大会，http：//www. gov. cn/flfg/2009 - 08/27/content_1403326. htm.

［109］全国人民代表大会常务委员会关于修改〈中华人民共和国对外贸易法〉等十二部法律的决定［EB/OL］. 全国人民代表大会，http：//www. npc. gov. cn/npc/xinwen/2016 - 11/07/content_2001578. htm.

［110］全民健身计划纲要［EB/OL］. 国务院，http：//www. scio. gov. cn/xwfbh/xwfbh/wqfbh/33978/34713/xgzc34719/Document/1481348/1481348. htm.

［111］《全民健身计划纲要》实施十五年［EB/OL］. 国家体育总局，http：//www. sport. gov. cn/n316/n340/c212502/part/133120. pdf.

［112］全民健身条例［EB/OL］. 国务院，http：//www. gov. cn/flfg/2009 - 09/06/content_1410716. htm.

［113］群众冬季运动推广普及计划（2016 - 2020 年）［EB/OL］. 国家体育总局等，http：//www. sport. gov. cn/n316/n340/c774237/content. html.

［114］人民体育出版社编辑. 中华人民共和国体育运动文件汇编 第 2 辑［M］. 北京：人民体育出版社，1957.

［115］任保平. 新时代高质量发展的政治经济学理论逻辑及其现实性［J］. 人文杂志，2018（2）.

［116］任海. 聚焦生活，重塑体育文化［J］. 体育科学，2019（4）.

［117］尚帅. 全民健身视野下北京市海淀区居民大众游泳参与动机的研究［D］. 北京：首都体育学院，2016.

［118］史小强，戴健."十四五"时期我国全民健身发展的形势要求、现实基础与目标举措［J］. 体育科学，2021（4）.

［119］宋幼萍. 羽毛球运动在全民健身中作用的研究［J］. 科技信息，2011（4）.

［120］苏义民. 我国体育健身产业发展现状与政策建议：关于加快我国体育健身休闲产业发展的思考［J］. 西安体育学院学报，2010（6）.

［121］孙成林，王健，高嵩. 建国 17 年我国体育设施政策研究［J］. 沈阳体育学院学报，2013（6）.

[122] 孙国强. 管理研究方法 [M]. 上海：世纪出版集团, 上海人民出版社, 2007.

[123] 孙毅, 胡亚杰, 郑顺林, 等. 考虑用户响应特性的综合需求响应优化激励策略 [J]. 中国电机工程学报, 2022 (4).

[124] 唐刚, 彭英. 多元主体参与公共体育服务治理的协同机制研究 [J]. 体育科学, 2016 (3).

[125] 田慧, 周虹. 休闲、休闲体育及其在中国的发展趋势 [J]. 体育科学, 2006 (4).

[126] 汪浩, 朱文一. 大众滑冰空间与北京城 [J]. 北京规划建设, 2011 (11).

[127] 王景富. 冰城冰雪竞妖娆：哈尔滨冰雪文化的巨大作用 [J]. 学理论, 2009 (1).

[128] 王静文. 紧凑城市绿地规划模式探讨 [J]. 华中建筑, 2011 (12).

[129] 王磊, 丁振伟. 全民阅读活动中激励策略之运用 [J]. 图书情报工作, 2015 (5).

[130] 王莉, 孟亚峥, 黄亚玲, 等. 全民健身公共服务体系构成与标准化研究 [J]. 北京体育大学学报, 2015 (3).

[131] 王松, 张凤彪. "健康中国"引领下全民健身国家战略实现路径研究 [J]. 体育文化导刊, 2017 (8).

[132] 王雪莉, 付群, 郑成雯. 2010－2019 年中国体育消费政策落实：问题与对策 [J]. 体育科学, 2019 (10).

[133] 王诣铭, 夏志杰, 戴志宏. 公众参与应对社交媒体虚假信息的众包模式及激励策略研究 [J]. 信息资源管理学报, 2021 (5).

[134] 王永安. 新中国体育口号时代特征演变 [J]. 北京体育大学学报, 2011 (12).

[135] 王友华, 雷鸣, 高玉晓. 集体社会资本与城市居民体育锻炼行为：基于广义多层线性模型的实证分析 [J]. 上海体育学院学报, 2023 (6).

[136] 王子玥, 王志文, 王飞. 我国全民健身智慧化升级研究 [J]. 体育文化导刊, 2021 (4).

[137] 问绍飞. 我国群众性体育赛事品牌培育研究 [J]. 体育文化导刊, 2020 (10).

[138] 吴淼，夏建军，吴锋．集体性娱乐与城市空间紧张下的冲突及其解决对策：以广场舞为例［J］．武汉理工大学学报（社会科学版），2016（1）．

[139] 吴明隆，涂金堂．SPSS 与统计应用分析［M］．大连：东北财经出版社，2012．

[140] 武传玺．互联网＋冰雪运动的推广平台研究：以"中国冰雪"APP 为例［J］．体育成人教育学刊，2017（4）．

[141] 武传玺．互联网＋冰雪运动的推广现状与对策研究［J］．吉林体育学院学报，2016（5）．

[142] 武东明，江崇民．我国居民体育锻炼项目研究［A］中国体育科学学会．2015 第十届全国体育科学大会论文摘要汇编（一）［C］．杭州：中国体育科学学会，2015．

[143] 习近平．决胜全面建成小康社会 夺取新时代中国特色社会主义伟大胜利［EB/OL］．人民网，http：//cpc. people. com. cn/n1/2017/1028/c64094 - 29613660. html．

[144] 肖林鹏．论我国公共体育服务供给的基本问题［J］．体育文化导刊，2008（1）．

[145] 徐旦．基于 Lawler-Porter 综合激励模型的职业院校教学团队绩效评价［J］．职业技术教育，2015（22）．

[146] 徐腾达，杨润田．冰天雪地也是金山银山：滑雪旅游业践行"两山论"的崇礼实践［J］．旅游学刊，2020（10）．

[147] 徐泽俊，敬洁，李蓉，等．基于行为分阶段转变理论的护士创新行为激励策略构建研究［J］．护理学报，2022（24）．

[148] ［丹麦］扬·盖尔．人性化的城市［M］．欧阳文，徐哲文，译．北京：中国建筑工业出版社，2010．

[149] 杨桦，王凯珍，熊晓正，等．改革开放以来我国群众体育的发展演进与思考［J］．北京体育大学学报，2005（6）．

[150] 杨思琪，张研，曹嘉玥．第一观察｜真切感受到"冰天雪地也是金山银山"［EB/OL］．新华网，https：//www. xinhuanet. com/politics/20250208/d3e16241b5b14c5a8bcbf6c0f23ac246/c. html．

[151] 杨艳红．近十年我国冰雪运动研究的知识图谱分析［J］．河北体育学院学报，2018（3）．

[152] 易剑东. 论体育产业的发展逻辑 [J]. 体育学研究, 2019 (4).

[153] 印文晟, 蒋强, 陈环. 花样滑冰规则的演变历程与发展趋势 [J]. 冰雪运动, 2008 (2).

[154] 于显洋, 任丹怡, 林超. 体育休闲与新时代美好生活 [N]. 中国体育报, 2018-01-29.

[155] 于一. 建立个性化激励制度的意义与方法 [J]. 人力资源管理, 2012 (5).

[156] 余钦. 斯金纳强化理论对高校学生干部培养的启示 [J]. 学校党建与思想教育, 2020 (4).

[157] 余英时. 从价值系统看中国文化的现代意义 [A]. "文化: 中国与世界" 编委会编. 文化: 中国与世界 [M]. 上海: 生活·读书·新知三联书店, 1987.

[158] 袁晓玲, 李彩娟, 李朝鹏. 中国经济高质量发展研究现状、困惑与展望 [J]. 西安交通大学学报 (社会科学版), 2019 (6).

[159] 袁晓婷, 陈春花. 文化资本在经济增长中的表现形式和影响研究 [J]. 科学学研究, 2006 (1).

[160] 张朝枝, 杨继荣. 基于可持续发展理论的旅游高质量发展分析框架 [J]. 华中师范大学学报 (自然科学版), 2022 (1).

[161] 张林宝. 完善公共服务体系 实现全民健身 [J]. 人民论坛, 2018 (18).

[162] 张明明, 安雅然. 辽宁体育休闲的阶层差异探究: 布迪厄 "社会阶层" 理论 [J]. 辽宁行政学院学报, 2010 (4).

[163] 张晓玲. 可持续发展理论: 概念演变、维度与展望 [J]. 中国科学院院刊, 2018 (1).

[164] 张兆国, 曹丹婷, 张弛. 高管团队稳定性会影响企业技术创新绩效吗: 基于薪酬激励和社会关系的调节作用研究 [J]. 会计研究, 2018 (12).

[165] 赵卫华. 高校收入分配影响因素分析: 基于北京 18 所高校的调研数据考察 [J]. 复旦教育论坛, 2013 (2).

[166] 赵小瑜, 朱志强, 康建新. 冬奥背景下我国南方城市花样滑冰项目的开展状况研究 [J]. 哈尔滨体育学院学报, 2016 (3).

[167] 郑家鲲. "十四五" 时期构建更高水平全民健身公共服务体系: 机

遇、挑战、任务与对策 [J]. 体育科学, 2021 (7).

[168] 中共中央办公厅 国务院办公厅印发《关于构建更高水平的全民健身公共服务体系的意见》[EB/OL]. 中共中央办公厅, 国务院办公厅, http://www.gov.cn/zhengce/2022-03/23/content_5680908.htm.

[169] 中共中央办公厅 国务院办公厅印发《关于以2022年北京冬奥会为契机大力发展冰雪运动的意见》[EB/OL]. 中共中央办公厅, 国务院办公厅, http://www.gov.cn/zhengce/2019-03/31/content_5378541.htm.

[170] 中共中央 国务院关于进一步加强和改进新时期体育工作的意见 [EB/OL]. 中共中央, 国务院, http://www.jiangmen.gov.cn/gov/0224/201412/t20141203_466386.html.

[171] 中共中央 国务院印发《"健康中国2030"规划纲要》[EB/OL]. 中共中央, 国务院, http://www.gov.cn/xinwen/2016-10/25/content_5124174.htm.

[172] 中国花样滑冰协会. 国家花样滑冰等级测试大纲 [M]. 北京: 人民体育出版社, 2018.

[173] 中国经济增长前沿课题组. 突破经济增长减速的新要素供给理论、体制与政策选择 [J]. 经济研究, 2015 (11).

[174] 中华人民共和国城乡规划法 [EB/OL]. 全国人民代表大会, http://www.gov.cn/ziliao/flfg/2007-10/28/content_788494.htm.

[175] 中华人民共和国国务院令（第676号）[EB/OL]. 国务院, http://www.gov.cn/zhengce/content/2017-03/21/content_5179305.htm.

[176] 中华人民共和国体育法 [EB/OL]. 全国人民代表大会, http://www.npc.gov.cn/wxzl/gongbao/2000-12/05/content_5004646.htm.

[177] 钟秉枢. 全民健身国家战略的提出与体育休闲健身产业的发展 [J]. 体育科学, 2015 (11).

[178] 周俊杰, 应依歧. 日本足球发展对我国的启示 [J]. 青少年体育, 2017 (1).

[179] 周三多. 管理学 [M]. 北京: 高等教育出版社, 2005.

[180] 周曰智, 邵斌, 王芹, 等. "健康中国"背景下城市青少年家庭体育文化资本的发展困境及应对 [J]. 中国青年研究, 2017 (12).

[181] 朱伟珏. 文化资本与人力资本: 布迪厄文化资本理论的经济学意义 [J]. 天津社会科学, 2007 (3).

[182] 朱月乔，周祖城. 企业履行社会责任会提高员工幸福感吗：基于归因理论的视角 [J]. 管理评论，2020（5）.

[183] 诸大建. 可持续性科学：基于对象—过程—主体的分析模型 [J]. 中国人口·资源与环境，2016（7）.

[184] 住房城乡建设部印发关于进一步加强公园建设管理的意见的通知 [EB/OL]. 中华人民共和国住房和城乡建设部，http：//www. mohurd. gov. cn/wjfb/201305/t20130509_213673. html.

[185] Alan P. Paying the Piper：Culture, Music and Money [M]. Edinburgh：Edinburgh University Press, 1993.

[186] At Skate Canada, Our Coaches are Focused on Making A Difference [EB/OL]. Skate Canada, https：//skatecanada. ca/skate-canada-coaches/.

[187] Berry L L, Seiders K, Grewal D. Understanding Service Convenience [J]. Journal of Marketing, 2002, 66（3）.

[188] Bourdieu Pieer. The Forms of Capital. In J. G. Richardson（Ed.）, Handbook of Theory and Research for the Sociology of Capital [M]. New York：Greenwood, 1986.

[189] Change4Life：Three Year Social Marketing Strategy [EB/OL]. Department of Health, https：//assets. publishing. service. gov. uk/government/uploads/system/uploads/attachment_data/file/213719/dh_130488. pdf.

[190] City of rinks：The Ultimate Guide to Ottawa Skating Rinks, Indoors and Outside [EB/OL]. Ottawa, http：//ottawastart. com/city-of-rinks-the-ultimate-guide-to-ottawa-skating-rinks-indoors-and-outside/.

[191] City's Approved Sledding Hills Are Open [EB/OL]. Ottawa, http：//ottawastart. com/citys-approved-sledding-hills-are-open/.

[192] Clement Lau. Alternative Approachto Meet the Recreational Needs of Underserved Communities：the Case of Flor-Ence-Firestone [J]. Public Works Management & Policy, 2012, 17（4）.

[193] COI for the Department of Health. Healthy Weight, Healthy Lives：Change4Life Marketing Strategy [M]. London：DH Publications, 2009.

[194] David K. Hardin, Raymond Marquardt. Increasing Precision of Market Testing [J]. Journal of Marketing Research, 1967（9）.

[195] David Throsby. Cultural Capital [J]. Journal of Cultural Economics,

1999, 23 (1).

[196] De Bock T, Scheerder J, Theeboom M, et al. Stuck between Medals and Participation: An Institutional Theory Perspective on Why Sport Federations Struggle to Reach Sport-for-All Goals [J]. BMC Public Health, 2022, 22 (1).

[197] Edward E L, Lyman P. Managerial Attitudes and Performance [M]. Homewood: Richard D. Irwin, 1967.

[198] Eran Vigoda. From Responsiveness to Collaboration: Governance, Citizens, and the Next Generation of Public Administration [J]. Public Administration Review, 2002 (62).

[199] Facility Listing [EB/OL]. Ottawa, http://ottawa.ca/2/en/residents/facilities? f [0] = field_fa_facility_type%3A455.

[200] Fu B. Research on the Coordination of National Fitness Resources in the Old Revolutionary Area of Jiang-xi [C]. Tan Julie, 2018 Symposium on Health and Education. Paris: Atlantis Press, 2018.

[201] HM Government. Healthy Lives, Healthy People: Our Strategy for Public Health in England [M]. Norwich: TSO. 2010.

[202] Jeff Zabin, Gresh Brebach. Precision Marketing: the New Rules for Attracting, Retaining and Leveraging Profitable Customers [M]. Hoboken: John Wiley & Sons, 2004.

[203] John L. Crompton. Beyond Grants: Other Roles of Foundations in Facilitating Delivery of Park and Recreation Services in the US [J]. Managing Sports and Leisure, 1999, 4 (1).

[204] John M. Bryson, Barbara C. Crosby, Melissa Middleton Stone. The Design and Implementation of Cross Sector Collaborations: Propositions from the Literature [J]. Public Administration Review, 2006 (66).

[205] Lan Q, Liu C, Ling S. Research on Measurement of Symbiosis Degree between National Fitness and the Sports Industry from the Perspective of Collaborative Development [J]. International Journal of Environmental Research and Public Health, 2019, 16 (12).

[206] Leonard L. Berry, Kathleen Seiders, Dhruv Grewal. Understanding Service Convenience [J]. Journal of Marketing, 2002, 66 (7).

[207] Leonard Lodish, Dov Pekelman. Increasing Precision of Marketing Ex-

periments by Matching Sales Areas [J]. Journal of Marketing Research, 1978 (15).

[208] Map of Ottawa Toboggan Hills [EB/OL]. Ottawa, http://ottawastart.com/map-of-ottawa-toboggan-hills/.

[209] Mark Hirschey. Managerial Economics (11th edition) [M]. Beijing: Renmin University of China Press, 2007.

[210] Mowen A J., Graefe A R., Barrett A G., et al. Americans' Broad-based Support for Local Recreation and Park Services: Results from A Nationwide Study [R]. Ashburn, VA: National Recreation and Park Association, 2016.

[211] Municipal Asset Management Planning [EB/OL]. Ontario, https://www.ontario.ca/page/municipal-asset-management-planning.

[212] Ottawa's Population [EB/OL]. Ottawa, http://ottawa.ca/en/city-hall/get-know-your-city/statistics-and-economic-profile/statistics/ottawas-population.

[213] Outdoor rinks [EB/OL]. Ottawa, http://ottawa.ca/en/residents/recreation-and-parks/skating.

[214] Philip Kotler, Kevin Lane Keller. Marketing Management, Global Edition, 15/E [M]. London: Pearson, 2015.

[215] Spangler K J. Doing Our Part to Promote Healthy Lifestyles [J]. Parks & Recreation, 1997, 32 (10).

[216] Tan T C. The Transformation of China's National Fitness Policy: from A Major Sports Country to A World Sports Power [J]. The International Journal of the History of Sport, 2015, 32 (8).

[217] Taylor G R. Recreation Developments in Chicago Parks [J]. Annals of the American Academy of Political & Social Science, 1910, 35 (2).

[218] Tests [EB/OL]. U.S. Figure Skating, http://www.usfsa.org/clubs?id=84107.

[219] Tests Received 3/31/2018 [EB/OL]. U.S. Figure Skating, http://www.usfsa.org/content/MAR%20Laurels%20Web.pdf.

[220] Tests Received 2/28/2018 [EB/OL]. U.S. Figure Skating, http://www.usfsa.org/content/FEB%20Laurels%20Web.pdf.

[221] Tests Received 1/31/2018 [EB/OL]. U.S. Figure Skating, http://www.usfsa.org/content/JAN%20Laurels%20Web.pdf.

[222] Tests Received 4/30/2018 [EB/OL]. U. S. Figure Skating, http://111. 40. 195. 242/cache/www. usfsa. org/content/APR% 20Laurels% 20Web. pdf? ich_args2 = 602 - 26182506063317_47974010d8b81df9d73d6d06f43f05fc_10001002_9c89672ed1c3f1d6963a518939a83798_58565fe3593ca8f9afbe8e189ae9aa6b.

[223] The Department of Health. Change4Life Marketing Strategy [R]. London: DH Publications, 2009.

[224] The U. S. National Physical Activity Plan (2016) [EB/OL]. The Board of Directors of the Physical Activity Alliance, https://paamovewithus. org/for-transfer/theplan-about-the-plan/.

[225] Victor H Vroom. Work and Motivation [M]. New York: John Wiley & Sons, 1964.

[226] Wicker P, Breuer C, Pawlowski T. Promoting Sport for All to Age-specific Target Groups: the Impact of Sport Infrastructure [J]. European Sport Management Quarterly, 2009, 9 (2).

[227] Winter Sports [EB/OL]. Toronto, https://www. toronto. ca/explore-enjoy/recreation/skating-winter-sports/.

[228] Wu Wei, Wang Hongying. Intensive Utilization of Resources and Design of Landscape Architecture [J]. Journal of Landscape Research, 2010 (12).

[229] Zilberman D. The Economics of Sustainable Development [J]. American Journal of Agricultural Economics, 2014, 96 (2).

后　　记

本部著作从研究、创作到完成，历时多年，耗费了很多心血。日前出版，甚感欣慰。在著作的完成过程中，笔者得到了很多同道、朋友的关心与帮助，在此表示衷心的感谢！

本部著作中的相关成果，得到了多个项目的资助，包括：国家自然科学基金面上项目"大型高碳体育场馆低碳运营影响因素及模式研究"（71173067）；黑龙江省哲学社会科学规划基金一般项目"2022冬奥会背景下黑龙江省冰雪体育产业协同发展战略研究"（16TYB01）、"智慧冰雪体育项目（花样滑冰）产业化信息传播云平台开发可行性研究"（17TYB05）、"黑龙江省冰雪体育文化资本演进机制及价值实现路径研究"（21TYB108）；黑龙江省科协2022年度科技创新智库研究项目"黑龙江省冰雪体育文化资本演进机制及价值实现路径研究"。在此对这些项目一并致谢！

本部著作的最终出版，得到了黑龙江省社会科学界联合会的"黑龙江省社会科学学术著作出版资助项目"（2024008－B）的资助，表示感谢！

本部著作的完成，还有罗成飞、杨博文、张立彤、姬圣娇等同学的大力协助，表示感谢！

本部著作的完成，还得到了我的父母、爱人、女儿的理解和支持，在此表示衷心的感谢！

最后，感谢每一位读者！希望本书能为您带来新的思考，并期待未来有更多机会与大家分享。

2025年春于哈尔滨